勇気を失うな
心に太陽を持て

斎藤貴男 著

同時代社

はしがき

本書『勇気を失うな　心に太陽を持て』は、私が無差別・平等の医療と福祉の実現を目指す医療機関の団体「民主医療機関連合会」（民医連）の職員向け機関誌「共済だより」で2013年5月号から継続している連載コラム59回分を、1冊にまとめたものである。マスメディアが抱える構造的な問題点をわかりやすく伝えることに主眼を置いた当初のテーマ設定は、状況の変化にも対応しつつ、監視社会の恐ろしさや、沖縄と福島に凝縮される日本社会の酷薄なシステムへと広げられていった。18年4月号からは「縮図から見る世界」と題するようになっている。

そこで本書の章立ても、この並びをそのまま採用した。巻末には民医連の藤末衛会長との最新の対談を収録している。

多様なアプローチは、時に立ち位置の一貫性を損なう危険を伴いやすい。が、本書に限ってそのようなことはないと自負している。民医連の理念とも、私の理想とも対極にあるような安倍晋三政権下の社会に対する憂慮や提案が中心になるのは当然にせよ、それだけでなく、一般のメディアでは触れられないか、事の重大さに照らして扱いを小さくされがちな材料を取り上げるよう、常に心掛けてきた。巻末対談で藤末会長ともそんなことを語りあっているが、実際、すでにスタートから5年が経過した現在も、この問題意識にはいささかの変化もない。

そのような内容であるだけに、本書のタイトルには面食らう読者もおられるかもしれない。実は版元の社長であり、編集の実務も担当してくれた川上隆さんの提案だ。軍国主義化が進んだ1935（昭和10）年に、人道的理想主義の立場から、現実社会にあっていかに生きるべきかを追求した作家として知られる山本有三（1887～1974）が編んだ『心に太陽を持て』の〝本歌取り〟にする心意気であればと、私も同意した。

本家本元のほうには、「胸にひびく話二十篇」のサブタイトルがついていた。世界中から採集した感動的な逸話集である。本書の内容とはまったく違う。

それでも本歌取りを、と決めた理由は、大きく二つ。何よりも、当時の山本や、前掲書が収められた新潮社の「日本少国民文庫」全16巻の編集長を務めていた吉野源三郎ら、暗い、やがて破滅への道へと続くことになる時代にあって、おそらくは心ならずも「少国民文庫」の通しタイトルを余儀なくされてなお、懸命に心の平静を保ちながら、子どもたち、若者たちの豊かな心を育もうとした先人たちに倣いたいと思った。ちなみに吉野は、近年になって漫画化され、一大ブームを巻き起こしている『君たちはどう生きるか』の著者でもあった。この本もまた、元々はやはり「日本少国民文庫」の1冊だった。

次に、抗うには気合という名のカラ元気だけでは不十分であり、とにもかくにも現状を認識し、見据え、対峙することから始める以外の方法がない。その上でこそ思索、対策、そして実行へと展開することも可能になる。とすれば本書は、「心に太陽を持」つための、大切な入門編になり得るのではないかと考えたのである。

山本有三編『心に太陽を持て』の由来となり、同書にも載っているドイツの詩人、ツェーザル・フラインシュレンの詩を――。

心に太陽を持て。
あらしが　ふこうと
ふぶきが　こようと、
天には黒くも、
地には争いが絶えなかろうと、
いつも、心に太陽を持て。
(中略)
苦しんでいる人、

なやんでいる人には
こう、励ましてやろう。

「勇気を失うな。

くちびるに歌を持て。

心に太陽を持て。」（山本有三が主宰した「青少年文化の会」の名で、山本自身が手を入れた訳詩。新潮文庫『心に太陽を持て』２０１８年刊第17刷より）

本書で私は、第一章での初出（「マスコミは兜町の業界紙か」の項）を除いて、「アベ政権」「アベ首相」の表記を用いている。「共済だより」の連載時には漢字にしていたが、この間の２０１８年2月20日に98歳で亡くなった現代俳句の巨人・金子兜太氏に倣った。氏は生前、現政権の改憲路線に憤って、反対運動のプラカード向けに「アベ政治を許さない」と揮毫し、「こんな政権に漢字はもったいない」と一喝していたのである。俳句という伝統文芸の重鎮が、そこまで言った。言わずにはおれなかったことの重みを、改めて噛みしめたいと考えた末の選択だ。

２０１８年6月

斎藤 貴男

＊目次

第2章 恐ろしい監視社会

第3章　縮図としての沖縄・福島

特別対談　分断社会と向き合うために——「いのちの平等」を求めて　135

凡例

1、本書は、全日本民医連厚生事業協同組合が発行する『共済だより』に連載された「マスコミの歪んだ世論づくり」（2013年5月号～2015年12月号）、「マイナンバーのほんとうの目的」（2016年1月号～2016年10月号）、「縮図としての沖縄・福島」（2016年11月号～2018年3月号）、「縮図としての世界」（2018年4月号）をまとめた。

2、本文の肩書き・年齢は、執筆当時のものとなっている。また、各項のタイトルは同時代社編集部による。

3、巻末にある著者と藤末衛・全日本民主医療機関連合会会長との対談は2018年4月20日に、本書収録のために行われた。

第1章

マスコミの歪んだ世論づくり

国民を洗脳するマスコミ

２０１３年４月11日、東京・日比谷野外音楽堂で開かれた「消費税大増税中止を求める国民集会」に参加した。５０００人もの人々が詰めかけてくれた中、私は呼びかけ人の一人として、大要こんな挨拶をしたものである。

「新聞もテレビも増税バンザイの大合唱。ここにマスコミを代表して——違うけど——お詫び申し上げます」

本心だ。新聞記者、月刊誌編集者、週刊誌記者、フリージャーナリスト……と、この世界で30年以上も生きてきて、今回の消費税増税に対するマスコミの姿勢ほど不気味に感じたものはない。なぜって、権力のチェック機能たるべき報道機関がみんな、財務省と与党と経団連と完璧に同じ立場なのである。福島原発の事故以来、マスコミも〝原子力ムラ〟の一部だった現実がバレてしまいはしたものの、私に言わせれば、消費税ムラよりはマシだとさえ思う。

なにしろデフレの真っただ中だ。値引き合戦や元請けの横暴に晒《さら》されている中小零細の事業主が、商品やサービスの価格に増税分など上乗せできるはずがない。だからといって納税義務は免れない以上、自腹を切らされまくる羽目になる。

アベノミクスでインフレを誘導するから大丈夫？　ふざけちゃいけない。そうなれば今度は所得の低い消費者の側が割を食うのである。要は立場の弱い人がより多くの負担を押し付けられるだけ。封建時代でもあるまいし、およそ不公平かつ不公正、卑劣も極まった税制が、にもかかわらず、いや、だからこそかえってなのか、あたかも絶対の真実でもあるかのように大宣伝される毎日。

挙句の果てに日本新聞協会は、自らの商品である新聞への軽減税率適用まで求め始めた。私も業界の末端にいる男だし、読者が離れて活字文化が滅びては大変だから、本当は一緒に叫びたい。だがそれは、日頃から弱者の側に立った報道をきちんと果たし、一般の信頼を得られていたらの話だ。

——権力の走狗となって国民の洗脳は引き受けます、その代りお役人様、手前どもには優遇措置をくださいな。ゴロニャ～ン♡

そんな本性が透けて見えるマスコミなど、そもそも文化の名に値しない。滅びる方が世のため人のため——。昨今のマスコミはあまりにもおかしい。本章では、その実態と背後にある構造を追及していきます。

政治家の差別発言

本当は本章の最後に書くつもりだったテーマなのだが、あまりにドンピシャなケースが発生してしまったので。マスコミが歪ませているのは世論だけに非ず、それどころか人間そのものではないのかという疑念だ。

「日本維新の会」とやらの橋下徹・大阪市長がまたやった。旧日本軍の従軍慰安婦問題について記者団に問われ、「猛者集団に休息を与えようとすると、慰安婦制度が必要なのは誰だってわかる」と発言。これが5月13日（２０１３年）午前で、夕方には月初めに沖縄の米海兵隊普天間基地を訪れた際の、およそ恥知らずのやり取りを明かしたのだった。

「『もっと風俗業を活用してほしい』と言った。そしたら司令官は凍りついたような苦笑いになって、『米軍では禁止だ』と言った。『そういう建前みたいなことを言っているからおかしくなる』と伝えた（5月14日付東京新聞より）。

仮にも政治家を自称する男が、どうしてこうも下品なセリフを、チンピラ然《ぜん》と語りたがるのだろう。まるで小学生のマセガキが、クラスで「何だって知ってんだぜ、オレ。デヘヘヘ」と吹聴している図ではないか。

もちろん人間の性、業というのは深くて悲しい。剥き出しの時代もあったに違いない。けれどもまともな大人は、人権の否定に通じる言葉を迂闊《うかつ》に口にしてはならないお約束ぐらいは承知しているから、公言などしないのである。マセガキはまだ子どもだから許されているだけなのに。

それを〝建前〟の一言で一笑に付してのけるとは。封建時代の発想を今のこの時代に応用しなさいよと、存在自体が問題だらけの駐留軍に進言して悦に入るとは。

問題は、こんなものがなぜ、政治家でございとのさばり返ることができるのか、だ。敢えて書く。テレビのせいである。

テレビの、特にバラエティ番組は、12歳程度の知力と感覚に合わせて制作されていると聞いたことがある。バブル崩壊の頃から加速度的に俗悪化したテレビにどっぷり浸かって育った人々が、そのテレビを食い物にして世に出た、とてつもなく幼稚な者を熱狂的に支持して、天まで舞い上がらせた挙句の果ての地獄絵図。

一連の騒動の渦中、「維新の会」の共同代表を務める石原慎太郎・衆院議員（前東京都知事）が、彼を擁護しつつ当人に、「ツイッターをやめるべき。言いたいことは論文にまとめれば」と意見したとか。それはそれで道理だが、この人に言えた義理か。なるほど小説を書いてはいるので作家ではある石原氏もまた、一般には昔のテレビ文化人としてしか認知されていなかった。

マスコミは兜町の業界紙か

「アベノミクス」が出そろった。安倍晋三内閣は6月14日（2013年）、経済政策の方向性を示す「経済財政運営と改革の基本方針」（骨太の方針）と企業の競争力を高める成長戦略「日本再興戦略」、および「規制改革実施計画」を閣議決定したのである。

ところが報道のどれもこれもが実にわかりにくい。具体的な中身が紹介されていなかったり、一覧表だけで、まともな論評が伴っていなかったり。

財界や市場の反応を、まるで社論のように扱ったのは朝日新聞だ。法人税減税をはじめ、彼らが満足するような経済政策はさらなる階層間格差の拡大を招き、人権の侵害や生命の選別にも通じかねないとわかりきっていて。

〈安倍晋三首相は「規制改革は一丁目一番地」と打ち出していたのに、大胆な規制緩和は見送られた。市場では実行力のとぼしさに失望感が広がり、株価の値下がり傾向が続く〉（翌15日付朝刊）。

兜町の業界紙モドキの言説だけならまだしも、なのかもしれない。呆れて開いた口が塞がらなかったのは、ほとんどすべてのマスコミが、原発隠しで足並みを揃えていたことだ。

閣議決定された内容を知り、これまでの経緯と照らせば、「原発の活用」あるいは〝これまで以上の推進〟が図られることになった現実を見逃しようもない。にもかかわらず、真っ向う勝負の報道が影をひそめていることに腹を立てているのは、ひとり筆者だけなのだろうか。

予想通り、ではあった。原発を中心とするインフラシステムの輸出は安倍政権の国策だ。民主党政権が最初に掲げ、福島第一原発事故で膠着していたのが、アベノミクスで再浮上した。実際に日本のメーカーがトルコなどで原発を受注したとのニュースもあり、そのこと自体は秘密でも何でもない。

とすれば原発は、国内でも必然的に復権が果たされる。爆発事故の前科があり、自国で停止されたままの原発技術を買ってくれる国などあり得ないから。どれほど危険だろうと見て見ぬふりで、ガンガン稼働させておくことが、官民一体国際セールスの大前提になるのが必定だからだ。

ところがマスコミは、安倍政権の原発輸出への執念を批判的に報じることとさえ怠ってきた。そこに今回の閣議決定である。

主たる情報源をマスコミに頼らざるを得ない多くの国民は、またしても何も知らされないままでいる。私たちは日本という原発のショールームの中で、いつの間にか命知らずのカミカゼ・セールスパーソンに仕立て上げられているという次第——。

NHKは政権の宣伝放送

今日もNHKのトップニュースは猛暑である。そんなこと誰だって知っとるわい、たまにはスクープの一発でもかましてみせたらどうだと毒づいていたら——。

アナウンサーが夏の電力不足を憂慮した。と、画面が切り替わり、原発の再稼働をめぐる電力各社の動きが。なるほど、これはこれで彼らにとっては大事な仕事なのかもしれないなと思った。

アベ政権の宣伝放送。アベノミクスの柱たる原発の輸出と、国内でのさらなる推進に向けた民衆の〝教化啓蒙〟と言うべきか。

安易な陰謀史観に与する気はない。ただし、こう言いたくなるのには理由がある。さる3月21日（2013年）の衆議院総務委員会に、予算や事業計画の承認を求めて出席したNHKの松本正之会長が、こう述べていたのだ。

「NHKは、日本政府の公式見解を踏まえましてニュース、番組を制作いたしております」

自民党議員の質問に答えた。尖閣列島や竹島の問題を扱う番組に、政府見解と異なる意見を持つ元外交官を出演させたのはいかがなものか、と尋ねられての弁解だった。

松本会長の発言にも、したがって「ただいま話が具体的に出ました領土問題でございますが」の修飾がついていた。そのテーマでだけ、ということなら仕方がないか、と思わせられなくもないのだけれど。本質はどうか。議事録を紐解くと、その後も続々と登場した与野党議員らのセリフには、どれも慎重な装いが凝らされつつも、ＮＨＫに〝国策としての報道〟を求める論旨ばかりが目立った。

一方の松本会長はのらりくらり。「公平公正を守る」「公共的な使命」「ＮＨＫブランドを大切に」などといった答弁自体には多様な解釈もできようが、彼の前職がＪＲ東海の社長である以上、そうした表現に込められた本当の意味も透けて見えてくる。

ＪＲ東海は、かつての〝国鉄改革三羽烏〟の最右翼・葛西敬之会長のワンマン企業だ。アベ首相を囲む財界人の集まり「四季の会」の幹事役。松本会長はその子飼いと言われる人物なのである。

駅の売店を司るＪＲには、しかもゲリラたるべき週刊誌や夕刊紙も歯向えない構図がある。だから筆者も手を拱《こまね》き続けてきた。

だが、もうそんなことばかりも言っていられない。大企業のスポンサーに依存する必要がないＮＨＫには、まだしもマシなテレビ・ジャーナリズムを追求できる余地があった。最後の砦まで崩されてしまったら、本当にオシマイなのだから。

妄言「ナチス発言」への無関心

つくづく落胆させられた。麻生太郎副首相兼財務相の〝ナチス発言〟を扱うマスコミ各社の対応に、である。

妄言が飛び出したのは7月29日（2013年）、公益財団法人「国家基本問題研究所」（櫻井よしこ理事長）での講演会だった。憲法改正のテーマに触れて、あの男は——。

「ヒトラーは、民主主義により、きちんとした議会で多数を握って出てきた。選挙で選ばれた。（中略）『静かにやろうや』ということで、ワイマール憲法はいつの間にか変わっていた。誰も気がつかない間に変わった。あの手口に学んだらどうか」（共同通信配信記事より）。在米ユダヤ人団体からの抗議を受けた麻生氏は、「悪い例として挙げた」と釈明しつつ、発言を撤回した。そこで改めて発言要旨を読み直してみると、そもそも講演全体の論理が破綻している上に、事実関係からして間違いだらけ。

ナチスは国際社会のタブーである。彼はそんなものを礼讃し、あまつさえ自らが要職を務める政権がこれから目指す憲法改正についても、開かれた議論など邪魔くさいと言い放った、としか思えない。自民党「日本国憲法改正草案」の本質はヒトラーの〝第三帝国〟と大差ないとの自覚が、ついつい口を滑らせたということでもあったのか。

総じてマスコミは批判的な報道を重ねた印象が残る。けれども実際には、多くが当初は格別の問題視もしておらず、それなりの追及が開始されたのは、件《くだん》のユダヤ人団体による抗議声明が発表されて以降のことだった。

日本の国際的信用は失墜し、いわゆる国益は大いに損ねられた。最低でも本人の辞職および政界引退、本来であれば内閣総辞職が当然のスキャンダルだったにもかかわらず、政治家たちはそのまま夏休みに入ってしまった。

と、マスコミの麻生報道もたちまち手仕舞い。秋の臨時国会で一部の野党が騒げば一応はフォローするのだろうが、もはや手遅れになりかねない。

この国のマスコミには主体性がなさ過ぎる。朝から晩まで足を棒にして取材に歩き回っている職業人《プロフェッショナル》だからこそ主張でき、しなければならない独自の価値基準が。許されてよいものとならぬものの区別もつかない言論に、いかほどの存在意義があるというのか。

単なる失言の類《たぐい》などでは断じてない。例によって例の如くに麻生妄言がウヤムヤにされるなら、私たちの社会はまた一歩、彼らにとっての理想郷に近づけられていく。

真っ当なジャーナリズム

2020年東京オリンピック関連の報道については、夕刊紙に書いたし、通信社へのコメントが地方紙やスポーツ紙に掲載もされたので、とりあえず措いて――。

私は10年近く前から、日本民間放送連盟賞の審査員を務めてきた。商業テレビ・ラジオの業界団体が、会員社を対象に、優秀な番組、事績、活動等を表彰するものだ。

「テレビ教養」か「テレビ報道」の部門を担当することが多い。例年夏に招集がかかり、終日カンヅメで番組漬けになる。そのたびに感じるのが、候補作品の質の高さなのである。

今年の審査結果はまだ公表されていないので、昨年の「テレビ報道」の例を挙げようか。最優秀賞は東海テレビ放送『死刑弁護人』。激しいバッシングを受けながら、それでも〝凶悪犯〟の烙印を押された被告たちの弁護を引き受ける男の毎日を追いつつ、日本の死刑制度の本質を掘り下げた内容が評価された。他には福島中央テレビ『原発水素爆発　私たちはどう伝えたのかⅡ』、新潟総合テレビ『お米のあした』、琉球朝日放送『枯れ葉剤を浴びた島～ベトナムと沖縄　元米軍人の証言』等々。

私の場合、順位とは別に、朝日放送『復興の狭間で』の印象が強烈だった。大震災で壊滅的な被害に遭った神戸市の復興計画が、逆に住民の生活を苦しめている実態を、東北の現在進行形と絡めて活写していた。東京にいて薄れていた関心を呼び覚まされた私など、ほとんど後追いに駆り立てられて、『都市問題』という雑誌に「復興の過程で何が起きているのか――神戸市長田区と気仙沼を歩いて」というルポを書いてしまったくらいである（『ポスト成長神話の日本経済』かもがわ出版、所収）。

テレビと言えば権力べったりか弱い者いじめの礼讃、というのが悲しい常識になって久しいが、真っ当な番組が死に絶えたわけではないのだ。地方局の深夜枠に集まりがちなのが残念ではあるけれど、録画のしやすい受像機も普及してきたことだし、読者には探して見ることの楽しさも伝えたい。

＊＊＊＊＊

本連載への反響が大きいと聞いた。嬉しい。ただしクスリが効きすぎて、マスコミの何もかもが見限られてしまうのも辛いので、敢えて書きました。容赦ない批判を私が繰り返しているのは、ジャーナリズムには本来、素晴らしい存在意義があるはずだと信じるが故なのです。

活字メディアの曙光については機会を改めたい。もちろん問題点だらけの五輪関連報道への追及も、いずれ新しい動きを加味しつつ。

2013年10月号

消費税の本質を報じない

また消費税の話題で恐縮。来春からの増税が決められてしまったが、これほど薄汚ない税制に跳梁《ちょうりょう》跋扈《ばっこ》され続けてよいはずがない。騙《だま》されっぱなしでいないためにも。
キテレツな論評を立て続けに見つけた。神様の視点で客観的なポーズを装いつつ、その実、反対する者をとことん貶《おとし》めている。
たとえば諸冨徹・京都大学教授（財政学）が、新聞の読書欄で関連書籍を案内しながら、〈日本では伝統的に、左派・リベラル政党が消費増税に反対するという「ねじれ」が生じた。民主党政権もまた、「福祉国家を逆進的な租税でファイナンスする」というパラドクスを受け入れられずに党分裂を招き、衆院選での惨敗を経て政権を失った〉（「ニュースの本棚」『朝日新聞』10月6日付朝刊）
ビジネス誌のQ＆Aで、「消費税率を上げずに済む方法」について、評論家の荻上チキ氏が、〈今は、「大きな政府」を目指すはずの「左派」の一部だけが、増税に反対するというねじれた状況になっています。……日本では「何より再分配が重要だから、経済の縮小は仕方がない」という「左派」の論者すら、一部から支持を集めています。……余興としての文明論を聞いている余裕はありません〉

（『プレジデント』11月4日号）

要は増税に反対する者イコール「無責任」と短絡させる印象操作らしいが、ふざけるな。こういう理屈は消費税が政府の宣伝通りに公平な税制であり、なおかつ国会審議で増税の目的とされた「社会保障を充実させるため」という大義名分が真実だった場合にしか成立しやしないのに。

実際はどうか。弱者のわずかな富をまとめて強者に移転していく理不尽の塊の正体を、本誌の読者なら先刻ご承知のはずである。パラドックスもへったくれも、社会保障云々など初めからミエミエの大嘘で、近頃では税収が増えた分も東京五輪に備えた大型投資に費消されるのが当たり前みたいな雰囲気ではないか。ちなみに私を含めた再分配重視派は、通常、「成長を目的にしてはならない」と強調しているのであって、手段としての成長を否定などしていない。

単なる無知か、増税批判の小賢しい封じ込めか。2重3重の嘘を前提に他人をせせら笑うレトリックが、この国のジャーナリズムの本流になりつつあるのだとすれば、あまりにも由々しき事態だ。

誰かが最低でも1年間、本場ヨーロッパで生活しながら付加価値税（消費税ではない）の実態を研究してくる必要がある。私も何度か志願したのだが、実現できないままだ。どこか乗ってくれるメディアはないものか。

秘密保護法という悪夢

可決・成立すれば記者が逮捕されかねない、とマスコミが騒いでいる。かの「特定秘密保護法案」のことだ。2013年11月中旬、私もまた国会審議にどうにか歯止めをかけたいと念じている1人である。だが、とも思う。それほどドラマチックな事態にはなかなか至るまい、と。

同法案は戦前戦中の「軍機保護法」と酷似しており、国民の〝知る権利〟を確実に侵害する。とすれば制定後は背いて重罰に処される者よりも、ただ単に公務員が何でもかんでも秘匿するようになる光景の方が、はるかに早く現れるのではないか。

新聞にもテレビにも、当局に都合のよい発表モノばかりが溢《あふ》れる。そのうちみんな慣らされる。これが最悪のシナリオだ。

自民党が絶対多数を占める国会情勢では、件《くだん》の法案が否決される可能性はきわめて低い。反対運動には次のステップも求められる道理で、ジャーナリストの端くれとしては、自衛にとどまらず、業界全体の対抗策についてまで考えていきたい。

来年中には構想私案をまとめる腹積もりだが、ここでは柱の1本を。秘密保護法が施行された場合、ジャーナリストはむしろ逮捕されることを目標にする必要がある。一方で記者が所属する新聞社や出版社、テレビ局等は、秘密保護法違反を犯した記者を徹底的に厚遇すべきだ。懲役刑を食らっている間の家族の面倒はもちろん、いずれ出所の暁には少なくとも取締役に。いっそ社長を任せてしまう大抜擢はいかがか。

法治国家の一員ではあるからして、有罪判決が言い渡されれば従う。要はアベ政権が目指すところの強権国家、人間をグローバル巨大資本に支配されるだけの存在と見なした政治とはまるで異なる独自の、権力の暗部を暴いてナンボの価値観を、ジャーナリズムが満天下に掲げ続けることが重要なのだ。

いわゆる御用メディアなど論外。囚われの記者は獄中生活を、蓄積した疲労の回復と書物による猛勉強、さらには社長就任後の経営ビジョン作成にでも勤《いそ》しめばよいのである。

このくらいやらなければ、知る権利がどうのこうのという目下の主張は所詮タテマエでしかなかったということになってしまう。

秘密保護法が予定しているのはアメリカに倣《なら》った戦時体制国家だ。私の構想の実行は困難を極めようが、それでもジャーナリズムは覚悟を決めなければならない。

言論表現の自由のない世の中に、人間が生きる値打ちなどありはしないのだから。せめて最後の砦でありたいと、痛切に思う。

権力にオネダリのマスコミ

土壇場になって新聞が悪くないことを書いている。かの特定秘密保護法が可決・成立した翌日の、たとえば朝日新聞一面に載った杉浦信之・東京本社編集局長の文章は、

〈言論の基となる情報の多くを特定秘密という箱の中に入れてしまう法律は、70年に及ぶ戦後民主主義と本質的に相いれない。私たちは今後も、この法律に反対し、国民の知る権利に応える取材と報道を続けていく〉（2013年12月7日付朝刊）

と実にカッコイイ。もちろんこの際、権力ベッタリの御用新聞など論外だ。問題にすべきはむしろ、真っ当に映るメディアの方にある。

なぜか。秘密保護法はアベ政権が構築を急いでいる戦時体制の一環だ。集団的自衛権の行使容認論議、マイナンバー、地球の裏側での軍事行動も辞さない「積極的平和主義」……。日本をいわゆる〝米国とともに戦争のできる国〟にするためには、ここに言論統制や思想弾圧が伴ってこない方がどうかしている。

にもかかわらず新聞は、秘密保護法以外のメニューはほとんど批判しない。帝国主義的な経済構造を招きかねないインフラシステム輸出（しかも中核は原発輸出）に歩を進めるというアベノミクスに至って

は、それで株価が上がったと言ってはバンザイ三唱なのだから、何をか言わんやだ。

報道ビジネスの利害に直結する秘密保護法だけを攻撃してみても、アベ政権の国家ビジョン全体における位置づけに触れないのでは意味がない。素人にも見透かされる。

そんなことを考えながら、秘密保護法の成立を報じた新聞各紙を広げた。宅配されていない新聞は近くのコンビニで買い集めた。

はたして彼らには権力と真っ向から対峙する気などこれっぽっちもない証拠のようなニュースを発見。冒頭に紹介したのと同じ朝日新聞の、こちらは第5面に小さく載っていた。自民党の「新聞販売懇話会」が、いずれ消費税率を10％に引き上げる際、新聞に軽減税率を適用することを求める党国会議員207人分の署名を集めたという。

消費税増税をめぐっては、かねて政権のチョウチン持ち。生活が破壊されると不満を漏らす人々をエゴイスト呼ばわりしておきながら、「自分たちだけは特別扱いを」と新聞業界が挙げて展開してきた醜態の〝成果〟だった。

戦時体制を築きつつある相手にオネダリしてどうする気か。秘密保護法に言論表現の自由が圧殺される前に、全国の新聞社とその関連事業に財務省の天下りが溢《あふ》れる。軽減税率をエサに報道が統制される時代が来てしまう。

「夢」とはカネのことだと語る

「夢を実現するためには確たる財源が必要だ。アベ政権として全面的に支援する」と自民党の石破茂幹事長は宣言した。新年早々の沖縄県は名護市長選。５００億円の名護振興基金創設をはじめ、彼は末松文信候補の応援で、おカネの話だけを繰り返していた。

米海兵隊普天間基地（宜野湾市）の移設受け入れが条件なのは言うまでもない。辺野古地区に計画している強大な新基地建設を推進する候補に、投票したらカネをバラ撒いてやるよとの、ゲス野郎丸出しの取引の提示だった。

彼らは終始、「夢」とはカネのことだと語り続けた。アベ首相がカネをくれる約束だと強調した地元紙への全面広告も、「夢と希望のある名護市をつくる会」名義の徹底ぶり。

結果は周知の通りだ。移設反対の稲嶺進候補の勝ち。投開票は1月19日だった。

負けた安倍政権は翌20日には早くも一変する。石破幹事長は件《くだん》の振興基金をゼロベースで見直す考えを示唆。21日には新基地関連の受注業者を募る入札を公告した。今さら〝アメとムチ〟に驚くほどウブでもないが、これが仮にも人間のやることか。

かなり前から胡散《うさん》くささの代名詞みたいになっていた「夢」という言葉は、もはや薄汚い卑語《ひご》そのものだ。「24時間死ぬまで働け」を企業理念に、実際に女性従業員を過労自殺させた大手居酒屋チェーン創業社長の口癖は「夢」に他ならないし、遡《さかのぼ》れば、バブル時代に放火やダンプカーの突撃で一等地を強奪しまくった地上げ屋のキャッチコピーも「夢」だった。

いかにも自衛隊を米軍と一体化させる戦時体制を〝積極的平和主義〟と言い換えたアベ政権らしい。大切な言葉がすべて奪われる日の絶望は、ホラ、もう、すぐそこまで来ている。

ところで今回の自民党〝アメとムチ〟の動きについては、大きく載せていた朝日、毎日、東京の各紙で知った。読売、産経、日経の3紙はと言えばコソコソと、まるで何もなかったことのように小さく扱っている。

吹き出しかけて、1月17日付で発足した「情報保全諮問会議」の座長に、あの渡邊恒雄《ナベツネ》・読売新聞グループ本社会長が就いた酔狂《すいきょう》を思い出した。例の特定秘密保護法について、政権のカクレミノを果たす助言機関のトップに御年87歳の元日本新聞協会会長、御用メディアのアイコンが起用されるのを止めもしないで、マスコミ業界は何をどうしようというのか。

わざわざ書かなくても、誰だってわかってしまう。みんな同じ穴のムジナ。いよいよ末期症状だ。

集団的自衛権行使の意味を伝えない

アベ首相がついに吐いた。２月12日の衆院予算委員会で、集団的自衛権の行使をめぐる憲法解釈について断じたのである。

「(解釈の) 最高責任者は私だ。政府答弁に私が責任を持って、その上で私たちは選挙で国民の審判を受ける。審判を受けるのは内閣法制局長官ではない。私だ」

もはや三権分立もへったくれもない。とかく暴走して国民の人権を侵害しがちな権力を抑制するために憲法がある、という現代世界の原理原則 (立憲主義) についてさえ彼は、

「王権が絶対的権力を握っていた時代の考え方」

と切って捨てた。早い話が独裁宣言ではないか。

実は自民党内では特に目新しい発想でもない。私は拙著『戦争のできる国　安倍政権の正体』(朝日新書) の取材で、政権中枢の政治家たちにインタビューを重ねたが、誰もが同様の理屈を並べては、

「そもそも自民党では立憲主義という言葉を使わない」と胸を張っていた。

とはいえ、かりそめにも首相があぁまで明言するとは。狂った時代にも程がある。

これで何もかもが繋がった。集団的自衛権はもちろん、〝積極的平和主義〟にしろ特定秘密保護法にしろ、アベ政権は国民に服従以外の生き方など認めない。石破茂・自民党幹事長による「デモはテロ」の迷言は伊達でないのだ。

あまりと言えばあまりのアベ発言に、日頃は政権の顔色ばかり窺《うかが》っている野党も追及の構え。実際、内閣総辞職に追い込まれて当然の事態だというのに、それでも世間の関心はもうひとつだ。

マスコミが鈍すぎる。第一報では大きく紙面を割いた『東京新聞』までが、いつの間にかスポーツ新聞みたいになった。

オリンピックの時期はいつもこうだ。米軍のヘリが沖縄国際大学に墜落した２００４年8月も、アテネ五輪の話題が優先された。その後の沖縄にいっそうの軍事植民地化をもたらして以来10年を経てなおマスコミは、いや易々《やすやす》と騙《だま》され続ける国民もまた、より一層の退化を重ねている。

いったい私たちの社会は、こんな茶番劇をいつまで繰り返すのだろう。アベ首相は昨年末、２０１３年を振り返る漢字は「夢」だと語った。こんな調子だと、20年東京五輪が開催される頃には彼の「夢」、すなわち戦時体制が確立されていて、マスコミが五輪にかこつけながら、「夢をありがとう」と連呼している悪夢を見せつけられかねない。

弱い者イジメの「文化人」

『週刊ポスト』3月21日号に、作家・曽野綾子氏の『被災者と老人の「甘えの構造」について』なる記事が載っていた。東日本大震災から3年目に合わせた聞き書きだ。

それによれば、先に関東地方を襲った大雪で、彼女自身と同世代と思しき女性がテレビのニュースに登場。孤立した村落で、「行政がもっと早く除雪をして、閉じ込められないようにしてほしい」と話していたのに腹が立ったというのである。

〈おそらく戦時中の物に不自由した時代もご存じでしょうに、すぐ打開策を国や社会に求める。こういう姿勢を見る時、私たちは戦争から何を学んだんだろう、と思ってしまうんです〉

これ以上は引用もしたくない。テレビが切り取った片言隻句《へんげんせきく》だけを捉えて相手の全人格を見下し、バカの一つ覚え〝自己責任〟論の繰り返し。

もともと弱い者イジメが芸風の人ではある。産休を取る女性は自分本位だとして、「出産したら（会社を）お辞めなさい」と吐き捨てたのは最近の話だ。逆に強い者に対してはひたすら寛容で、福島原発事故の直後にも、「誰にも責任がないことをハッキリしないといけません」。すでに1973年には沖縄戦における住民の集団自決に関わる「軍命はなかった」と断じ、今日に至るまで、たとえばアベ政権シンパにとっての〝神の声〟であり続けてきたのだから、これはこれで筋金入りと言うべきなのか。

他人の悲しみが理解できないどころか、苦しむ者は貶《おとし》めないと落ち着かないらしい人は、いつの世にもいる。曽野氏が幼稚園から聖心女子学院に通ったお嬢様だったとか、戦時中は金沢に疎開していて空襲にも遭わずに済んだ、といった諸々も敢《あ》えて措《お》く。恵まれた環境に生まれ育っても、豊かな人間性を湛えた人もまた、いくらでもいるからである。

問題は、こんな人物の、しかも『人間にとって成熟とは何か』（幻冬舎新書）などという自己矛盾も極まった説教本が売れている現実だ。ちなみに彼女の夫君の三浦朱門氏（88）も作家だが、かつて文化庁長官に任じられた際、雑誌に「（女性を）強姦する体力がないのは男として恥ずべき」だと書いて国会で糾弾され、それでも教育関係の審議会などに重用《ちょうよう》されて、夫婦で影響力を誇示してきた。ちなみに、この雑誌の当該号は国会図書館でも欠本になっている。甘やかされきっているのはどちらなのか。

そのような国に、またはそんなものを受け容れる社会で、私たちは暮らしている。まずは直視することから始めるしかない。今回はやや個人攻撃的に走ってしまった。それほどに許せないのだ。

医療機関における消費税の害悪1

消費税の税率が4月から8％に引き上げられた。最大の問題点は納税義務者（年商1千万円超の事業者）が同業者との競争上、取引先との力関係などの理由で、買い手市場になりがちな不景気下では特に、商品やサービスの価格に増税分を上乗せすることが難しいことであると、筆者はかねて強調してきた。

いわゆる「転嫁」をめぐる不条理だ。帳簿上の体裁はどうあれ、実質的には納税義務者が身銭を切らざるを得ないのであれば、価格支配力のない中小零細や自営業は利幅を削られ、いずれ廃業や倒産が必定。それでも生き延びようとすれば従業員や仕入れ先に負担を押し付ける――賃金カットや値引きの強要等――しかなく、要は社会的に弱い立場にある者からより多くの税金を召し上げる前提で成立している悪魔の税制。これぞ消費税の正体なのである。

増税で何もかも値上がりだ、消費者物価が跳ね上がって家計が大変、だけで済むほど簡単な話ではない。政府やマスコミが宣伝にこれ努める美辞麗句「公平でシンプル」とは裏腹の、これほど不公平かつ複雑怪奇な仕組みも珍しい税制は、そして、医療の世界においてはさらに矛盾を広げ、奇怪さを増していく。

消費税法によれば、社会保険診療は「非課税」取引のひとつである。介護保険や社会福祉事業によるサービス、学校教育、住宅の貸付けなどと同様に、社会政策上の配慮によるという。なるほど病気に苦しむ患者から税金を取るなどとは人の道に反する、ここまでは悪くない発想かもしれない。

だが医療機関の側はと言えば、社会保険診療に関わる納税義務こそ免れるものの、必要な医薬品を仕入れたり、医療機器、各種設備の購入には消費税が課せられる。その分の支払いを逃れることはできない理屈なのだ。ちょっとした病院で、年間の負担額は数百万～数千万円にのぼると言われる。

この問題が無視されてきたわけではない。だからこそ消費税が導入された１９８９年には０・76％、税率が３％から５％に引き上げられた97年には０・77％が、それぞれ診療報酬に上乗せされている。今回も中央社会保険協議会（中医協）の答申を受け、厚生労働省が３月に初診料や再診料、入院料などを平均で０・１％引き上げる診療報酬改定を告示した。

当然のことながら、この程度の改定ではとてもではないが増税に対応できない、というのが医療界の受け止め方だ。では仮に、診療報酬がもっと引き上げられたら、それで解決するのだろうか。違う。マスコミ報道だけでは理解のしようがない消費税の得体の知れなさが、そこにある。

医療機関における消費税の害悪2

日本医師会の幹部に面会を求められたことがある。『消費税のカラクリ』（講談社現代新書）を出して間もない頃だから、確か2010年の夏から秋にかけての話。消費税について持論を力説したのだが、結局、あまり顧《かえり》みてはいただけなかったのが残念だ。

2014年度の診療報酬改定は平均0・1％の引き上げで決着した。消費税増税への対応には不十分だとする声が小さくないものの、他方で「医療提供体制の改革のための基金」という制度が新設され、増税分を財源に約904億円が確保されている。うち約360億円は地域の民間医療機関などに配分されるという。

当初は財政危機を背景にマイナス改定さえ囁《つぶや》かれていたのに、さすが日本医師会の政治力は凄《すさ》まじい。6月の会長選挙に向けて、横倉義武会長が実力を誇示したと言うべきか。

なるほど、こうして振り返ってみると、彼らの消費税増税に対する動きの意味がよくわかる。政府が昨年8月に有識者の意見を聞く体裁で催した「集中点検会合」で、横倉会長は予定通りの税率引き上げを支持した。過去の主張に照らして違和感を覚えた記憶があるが、水面下では裏取引が進んでいたわけだ。そう言えば彼の登場はギリギリ土壇場で決まったと報じられていた。さぞかし虚々実々の権謀術数が展開されたに違いない。

改めて思う。この国の有力者の集団は、どんな事態に臨んでも、お上には決して逆らわない。その代り、自らが不利益を被ることだけはないように、ありとあらゆる仕組みを創り出す。

だから怪しからんと批判したいのではない。くだらなさばかりを増していく一方の世の中で、誰もが生き残るために必死なのだから、それはそれで仕方がないのかもしれない。悪いことだと断罪はできないが、ただ——。

これでまた新しい、不透明な利権の構造が広がることになる。消費税増税が致命症になりかねない中小企業の団体——具体的には日本商工会議所——は言うまでもなく、活字離れのただ中で軽減税率の適用を受けるのに必死のわがジャーナリズムの世界——日本新聞協会、日本雑誌協会——までもが、日本医師会と同様の発想に陥《おちい》ってしまっているのが悲しい。

もちろん、〈弱者のわずかな富をまとめて強者に移転する税制〉（『消費税のカラクリ』より）としての消費税の悪魔性は、何があろうと変わらない。新たな利権の拡大に伴う歪みのツケは、さらに弱い方、弱い方へと押し付けられていく。

私たちはいつまでこんなことを続けるのか。そも、消費税増税の目的だとされていた「社会保障の充実」なるお題目は、いったい、どこに消えてしまったのだ？

医療機関における消費税の害悪3

消費税増税に伴う診療報酬改定の問題を前回で扱った。日本医師会と自民党政権の攻防の前段には、そして兵庫県病院協会加盟の４つの病院による裁判闘争の経緯があったのだが、一般にはほとんど知られていない。

原告らは２０１０年9月、社会保険診療における消費税の非課税制度は医療機関に一方的な負担を強いる不平等税制だとして国を相手取り、神戸地裁に違憲訴訟を起こした。２０１２年11月に棄却されたが、判決には「厚生労働相は医療機関の負担の適正な転嫁に配慮する義務を負う」との文言が盛り込まれ、要は増税の際の診療報酬の引き上げに〝お墨付き〟が与えられたために、原告側は「一定の評価ができる」として控訴しなかった。

この訴訟の意義について、日医は正式な意見表明をしていない。とはいえ少なくとも結果的に、現実の診療報酬改定は、神戸地裁の判断にも乗る格好に収まったことになる。

本来はもっと志の高い目的が掲げられていた。原告は、たとえば制度の不備には従来も診療報酬改定で対応してきてやったではないかと言いたがる国側に対し、２０１１年2月に提出した求釈明書で、こう反論している。

〈社会政策的配慮に基いて非課税としながら、それに見合う手当てとして診療報酬に上乗せしたと云うのは非課税にする本来の趣旨に反するもので、許されることではない〉

この上もない正論だ。それだけに最後まで徹底的に争い、悪魔の税制の本質に迫ってほしかった。国側は身勝手きわまりない主張ばかりを繰り返した。消費税法は事業者に税負担をかけないとは初めから言ってない、医薬品等の仕入れに対する負担は（消費税分が含まれていようがいまいが）代金の一部に過ぎず、法的負担ではないのだ、等々。弁護団が丁寧に重ねた反証を、にもかかわらず裁判所は尊重せぬまま権力の独善を追認し、それをまた他ならぬ原告側が了としてしまったのである。

自民党が2012年4月に発表した「日本国憲法改正草案」には、財政の危険原理を定めた第83条に、現行憲法には存在しない第2項を新設する意向が示されていた。

〈財政の健全性は、法律の定めるところにより、確保されなければならない〉

この条文案に込められた意図を、よほど深く検討しておく必要があるのではないか。集団的自衛権の次はこの領域の解釈改憲、とでもいった事態になれば、私たちは戦時における兵力というだけにとどまらず、平時にあっても国家財政のための打ち出の小槌として以外の生き方を許されなくなるに違いないと、筆者は見ている。

医療機関における消費税の害悪4

全日本民医連が消費税増税の中止と、医療分野へのゼロ税率適用を求める声明を出している。8％への税率引き上げを目前に控えた、さる2月のことだった。

今回の診療報酬改定は増税に対応する事実上の補填に他ならない。だからといって医療機関が自腹を切らされる損税の全額が賄われるわけでもなく、実質的にはマイナス改定だ。そもそも少額にせよ患者に余計な負担を強いるなら、医療を非課税とした社会政策上の趣旨と矛盾してしまうではないか、と。

まったくもって正しい。まぎれもなく正論だが、できればもう少しだけ、すぐに新しい提言の形にはならなくてもよいので、発想の幅を広げてみてほしいとも思う。というのは――。

私見だが、社会政策の対象に値するのは本来、医療や福祉や衣食住の「住」を提供する賃貸住宅などの、つまりは現在、消費税が非課税になっている職業だけではない。街の八百屋さんも肉屋さんも魚屋さんも鉄工所も大工さんも喫茶店や運送屋さんも旋盤工場も何もかも、およそ商売という商売は、どれも世の中に多大な貢献をしている。なくてはならない存在だからこそ生き延びてきた、とも言えるだろう。

にもかかわらず、市場での価格支配力が弱い事業者には、とめどなく増税されていく消費税を転嫁することが難しい。だが納税義務だけは課せられる。非課税ゆえに税金分を患者から預かることができないが、その代り納税義務もない医療機関よりも悲惨な場合が珍しくもないのが実態なのである。

はばかりながらこの私とて、情けないほどの微力ではあっても、少しは他人様《ひとさま》のお役には立っているに違いない程度の自負は持っている。世間が眉を顰《しか》めるような商売だって、人間の社会には必要悪というものがあるではないか。

だから僕らもゼロ税率が欲しい。誰もにそうあるべきだ。同様の理屈で、来年10月の再増税の際には食料品や生活必需品に軽減税率を、という議論には、安易に与《くみ》するわけにはいかない。

なぜって軽減税率を適用するかしないかの線引きは、とどのつまり〝お上《かみ》〟に委ねられる。とすれば適用してもらいたい業界は彼らにへつらう。これまで以上の汚職にまみれ、傲慢かつ強権的になっていくばかりの政治腐敗が目に見えているから。早い話、対症療法を図れば図るほど新たな矛盾が生じ、人の世の中を狂わせていくのが消費税だ。こんな税制は存在してはならないのである。

民医連の活動には賛意を惜しまない。ただし、どうか消費税の本質を忘れずに、否、真っ向から見据えつつ、要求すべきを要求してもらいたいと、心から願う。

マスコミへの提言

69回目の終戦記念日となった8月15日朝、沖縄のマスコミは名護市辺野古の米軍キャンプ・シュワブ沿岸での新基地建設に向けた海上作業が強行されたニュースで埋め尽くされた。市民による大々的な抗議活動が繰り返され、地元市長が「激しい憤りを禁じ得ない」とする公式コメントを発表したほどの暴挙だからだが、県外では概ね通り一遍の、ごく小さな扱いの報道にとどまった。

もはや骨の髄まで御用メディアに成り下がったと思しき一部の例外を除けば、彼らも一応の不安を口にしてはいる。15日当日の全国戦没者追悼式で、アベ首相がまたしても「不戦の誓い」を避け、アジア諸国への加害責任に沈黙を決め込んだ姿勢を懐疑的に伝えた。広島や長崎での平和祈念式典の挨拶を前年のコピペで済ませた傲岸不遜《ごうがんふそん》が広く知られているのも、実際、マスコミのおかげなのだ。

とはいえ沖縄の現状には重きが置かれにくいらしい状況はどうかし過ぎている。全国紙やキー局の報道にしか触れていない読者、視聴者は、政権の歴史認識だけが問題であるかのような錯覚に囚われかねないのではないか。戦争は遠い過去のドラマなどではまったくなく、刻一刻と現実になりつつあるというのに。

——などと批判するのはたやすい。いや、このような論理展開は多いようで珍しい気もするので、まるで無意味でもないのだろうが、本欄で筆者は、その先を論じたいのである。

権力のチェック機能としてのマスコミの存在意義を少しでも取り戻すために、今後の数回、ささやかな提言を試みよう。これまでの連載と重複してくる部分があるかもしれない点はご容赦を。

たとえば日本国民が今、何よりも理解し、議論を深めていく必要があるのは、沖縄と福島の実情だ。だからそれ以外の地域の新聞に沖縄面と福島面、テレビニュースには沖縄コーナーと福島コーナーの常設を求める。当然、各社の那覇支局ないし那覇放送局の陣容は数倍に拡充されるべし。これが第一の提案。

全国のどこに住んでいようと、沖縄と福島がわからなければ、この国が向かっている方向も、私たち自身の生活の行方も、わからない。ある新聞社の幹部に話したら、「読者のニーズがあるでしょうか」と首を傾げられたが、そういう問題ではないのだ。〝上から目線〟の誹《そし》りを恐れるなかれ。

次回以降で提案したいアイディアをとりあえず順不同で列挙しておく。いずれもマスコミ業界全体で取り組んでもらいたい。「発表モノ専門の通信社設立」「特定秘密保護法に違反した記者に破格の報酬と地位を」「消費税の軽減税率要求の中止」等々だ。

マスコミと「調査報道」

マスコミの報道は、〝大本営発表〟ばかりだ、という批判をよく聞く。公式な統計はないのだが、実際に集計してみた研究は散見されている。

メディア研究家の小俣一平氏（元「ＮＨＫスペシャル」エグゼクティブプロデューサー）は、２００９年某日の朝日、読売、毎日の各紙を精読し、官庁や企業などの発表に基づく記事が本数では全体の65％前後、紙面における占有面積では50～55％だったとしている（『ＮＨＫ放送文化研究所年報２０１０年』）。01年には香川県の四国新聞社が、主な記者クラブ（県政、経済、県警、高松市政）から出稿された記事のうち、発表に依存しない独自取材による報道は2割にも満たない、とする調査結果を明らかにしていた。

ということは大勢の記者たちは連日、同じ記者会見に出席し、あるいは同じニュースリリースを見ながら、同じような記事を書いているわけだ。何ともムダな営みではないか。

そこで――、

発表モノを専門に処理する機関の新設を提案したい。マスコミ各社が出資して新会社を発足させてもよし、共同通信や時事通信など、既存の通信社にそのための部門を立ち上げるのもよいだろう。各報道機関はそこと契約して、配信されてくる記事を使えば、自社の記者を煩わせる必要がなくなるわけだ。

新会社や通信社の発表処理部門には、新聞社やテレビ局の若手記者を出向させる。記者修行の一環としても位置付けるわけだが、あまり続けるとスポイルされてしまうので、早め、早めの回転が望ましい。

では仕事の大半を占めていた発表モノを記事にしなくても済むようになった記者たちはどうするか。知れたこと、時間的・労力的な余裕が生まれた分だけ、独自の調査報道に全力を注ぐのである。

官でも民でも報道機関に情報を発信する側というのは、多くの場合、いわゆる指導者層に属する、エリートと呼ばれる人々で構成されている。彼らは時に暴走し、社会を歪ませ、弱い立場の人々を追いつめてしまいがちだ。報道機関はそのチェック機能として存在しているはずなのに。

発表モノの処理に追いまくられる毎日では、肝心な役割が果たせない。どころか、現状のままでは権力の宣伝機関以上でも以下でもないではないか。今度こそジャーナリズムは、調査報道というあるべき本道に立ち返らなければならないと、筆者は考えるものである。

新聞業界は消費税軽減税率の要望を取り下げろ

2014年夏以降のマスコミ界を揺るがした、朝日新聞をめぐる大騒動。とりわけ韓国・済州島《チェジュド》で従軍慰安婦狩りをしたとする吉田清治氏（故人）の20年も前の証言が虚偽でしたと、今になって取り消した紙面について、朝日はすさまじい集中砲火を浴び続けている。

唱導したのは読売や産経、文春、新潮等々、いわゆる〝保守系〟メディアの大群だ。限りなくネット右翼に近いアベ政権の隆盛も、彼らには追い風になる。こうなるとわかりきっていて、どうして――。

朝日はわざわざ、このタイミングで取り消しに踏み切ったのか。元毎日新聞常務（販売担当）の重大な論考を発見した。年内にも判断が下される来年10月の消費税率10％への再増税と、日本新聞協会がその際に軽減税率を適用してほしい旨を自民党に要望している件との絡みだというのである。

〈業界内には、こんな声が内在していた。

「従軍慰安婦問題、原発問題、集団的自衛権で朝日新聞のスタンスは安倍政権とは、全く相いれない。（中略）なんらかの〝けじめ〟をつけてもらわないことには政府・自民党に陳情にも行けない」

自民党税調メンバーの一人も言う。「国益を大きく損ねた朝日新聞がどのツラ下げて軽減税率ですか、

と問わざるを得ない」〉（河内孝「これは朝日にとっての『西山事件』である」『新潮45』10月号）

権力に何事かをオネダリして、見返りを求められないわけがない。カネ、天下り、その他あらゆる利益の誘導。マスコミの場合は最も大切な報道の自由を売り飛ばすことにも等しい。本欄でも何度か指摘した危惧が、こうも簡単に現実になってしまうとは。

もともと日本の新聞社は、国家権力の手厚い保護の下にある。「日刊新聞法」が株式の譲渡制限を認めて買収の危険をシャットアウトしてくれているし、再販売価格維持政策によって価格競争や値崩れの心配もいらない。

この上さらに、軽減税率でお上に新しい借りを作るという。適用されたが最後、時に権力批判風な報道が現れたとしても、心ある読者には、どうせ八百長かヤラセだろ、としか受け止めてもらないゴミ以下の存在に成り下がる。

今からでも遅くない。新聞業界は軽減税率適用の要望を取り下げ、政権与党への陳情など金輪際やらないことだ。そんなこともできないのであれば、せめて自らは権力の犬コロでございますと、満天下に宣言していただこうではないか。

特定秘密保護法に抗うために

特定秘密保護法が12月10日に施行される。行政機関が外交や防衛、テロ防止など55の分野で「特定秘密」を指定し、漏洩した公務員は最長10年、漏らすよう働きかけた民間人らも5年の懲役刑に処せられることになったのだ。

国民の〝知る権利〟は、これまで以上に軽んじられるに違いない。戦時体制の構築に関わる情報だけでなく、監視社会や原子力立国など、人々の生活に踏み込んでくる国策も、非公開が当たり前のようになっていくはずだ。ジャーナリズムが権力悪を暴く余地が限りなく狭められ、自由も民主主義も死に絶える。

そこで提案。ジャーナリズムが〝知る権利〟の代行者であるならば、新聞でもテレビでも雑誌でも何でもいい、マスコミ企業がお金を出し合って、特定秘密保護法違反で逮捕された記者第1号に賞金1億円を進呈する、というアイディアはいかがだろう。

栄誉にふさわしいスクープが大前提なのは言うまでもない。ニュースソースを完全に秘匿して、1人で懲役に甘んじる覚悟も絶対条件だ。

もちろん服役中の家族の面倒は業界が挙げて見る。その上で、第1号が出所したら古巣に復帰させ、社長に就任していただくのである。スクープの鬼がトップに座れば、そのマスコミ企業はもとより、ジャーナリズム全体が沸き立つこと請け合いの妙案ではないか。

暴力団みたいと嗤《わら》うなかれ。要はジャーナリズムの世界の、権力とは決定的に異なる価値観を満天下に掲げることが眼目なのだ。以前にも本欄でチラッと触れた記憶があるが、これからは本気で可能性を模索していこうと思う。

——と、ここまで書いたところで、キーボードを打つ指が止まった。どこかで聞いた話のような気がし始めたぞ。

いやいや、そんなことはない。本題に戻ろう。第1号は社長としても、きっと辣腕《らつわん》を振るうだろう。その社は連日のスクープで、読者か視聴者の圧倒的な支持を受ける。となると人間は弱いから、いずれ第1号も増上慢《ぞうじょうまん》に陥《おちい》り、時の権力ともツーカーの独裁者となって、従順でない部下たちを次々に粛清《しゅくせい》し……。

あれれ？　そうだ、これはジョージ・オーウェルの『動物農場』に似ているのだ。ロシア革命に材を採ったと思しき傑作寓話。第1号には社長でなく生涯1記者の地位を与えて済ませる手もあるが、それでは普通すぎて（？）面白くない。

ジャーナリズムはジャーナリズムの権化のような人物に率いてもらいたいのである。どこかに道はないか。理想への道はあり得ないだろうか。

ジャーナリズムと名誉毀損保険

ジャーナリズムのための名誉棄損保険が欲しい。というのは、こういうことである。

長いことこの稼業を続けていると、いろいろな情報が入ってくる。新しいプランも次々に思いつく。ところが近年は、企画を相談できる先が極端に減った。ネットに押され、広告収入も悪化の一途で、まともな雑誌はほぼ壊滅状態に。元気なのは権力や巨大資本にべったりの御用メディアばかりという惨状だ。

ネット嫌いの私もさすがに考えた。これはもう自分独自のウェブマガジンを立ち上げるしかない。ここに原稿を書き溜めていけば、まだしも多少の自由は残されてもいる単行本にまとめ、満天下で勝負できるはずだ——と。

だが、としばし立ち止まる。権力者や大企業のスキャンダルを暴露したり批判して、名誉棄損で提訴されたら？

なにしろ近頃のあの連中ときたら、こちらの取材要請は当然のように拒否するくせに、書かれたものには必ずイチャモンをつけ、裁判沙汰に持ち込むのが常なのだ。ジャーナリズムを委縮させる効果を狙った「ＳＬＡＰＰ」（strategic lawsuit against public participation ＝恫喝訴訟）といい、私にもやられた経験がある。

日本経団連会長時代の御手洗冨士夫氏（キヤノン会長）に、億単位の損害賠償を請求された。この時は同時に訴えられた発表媒体の出版社と共闘し、彼らの顧問弁護士が高裁、最高裁で全面勝訴を勝ち取ってくれたのだったが、個人のウェブでは、あらゆるリスクをひとりで背負わなくてはならない道理。報道による名誉棄損というのは、内容に誤りがなくても成立し得るとか。独裁政権がなお続きそうな現状では、そちらサイドにすり寄りたがる裁判長も激増していくに違いない。

万が一にも億のカネの支払いを命じられれば、イコール破滅だ。だったら社会的立場の強い相手は叩かないのが一番、という話になりかねないが、安易に走れば権力のチェック機能という最大の存在意義《レゾンデートル》を、ジャーナリズムは自ら放棄してしまうことを意味してしまう。

ＳＬＡＰＰの本場・アメリカでは、そこで損害保険会社が報道機関や個々のジャーナリスト向けに名誉棄損保険なる商品を開発している、と聞く。暴走し続けるグローバル資本主義と、これと一体化していく国家権力を、最も資本主義らしい「保険」というシステムで以て制御し、せめて市民の〝知る権利〟の砦とする皮肉な発想に、もはや学ぶしかない段階に来てしまっているのではないか。

「言葉」を取り戻す

以前にも取り上げた、作家の曽野綾子氏の話題を再び持ち出さなければならないことを悲しく思う。彼女は『週刊ポスト』1月16・23日合併号に寄せた「『戦争の悲惨』より『戦時の英智』を伝えよ」と題する〝新年特別提言〟を、こう書き出していた。

〈あの戦争は私の人生にとってかけがえのない「おもしろい経験」でした〉。

いい年をして、と呆れた。言い訳じみた修飾が添えられてはいる。〈不謹慎だと言う人もいるのでしょうが〉〈ほんとうに悲惨な出来事だと思います〉云々。だが結局、「おもしろい」と言い切った理由として示されているのは、ご本人の恵まれた生活環境と、戦後に見聞したという、アウシュビッツの囚人たちだって笑ったり歌ったりする瞬間はあった、という記録（?）だけなのだ。

人間には言ってよいことと悪いことがある。私は苦労し抜いた両親の倅《せがれ》としても許せぬ。

エセ作家などどうでもよい。仮にも学年別学習誌で知られた出版社（小学館）が、んなものにページを割く無惨や、それがまた特段の批判も招かない状況が、情けなくてならない。しかし——。

もはや人間同士の話し合いさえ成立しない時代であるらしい。ならば、せめて言葉を、少しずつでも取り戻していこう。「おもしろい」という言葉の真っ当な使い方を、本当のおもしろさとは何なのかを、1人ひとりが再確認しながら、行動していくしかないのではないか。

そうする必要がある言葉が増え過ぎた。夢、正義、成長、平和……。

「元気」については、大ヒット漫画『課長　島耕作』の単行本第11巻（1992年刊）の表紙カバー裏の、作者コメントが興味深かった。東南アジアの日本人ビジネスマンに対する観察だ。

〈彼らはおしなべて元気がある。体力がある。声がでかい。威圧的である。（中略）現地の人はどう思って見ているのでしょうか。武力こそ使っていないけど、やはり侵略されたというイメージを持っているのではないかと、心配になったりしました〉

今やグローバルビジネス万歳の漫画家・弘兼憲史氏にも、思いやりや謙虚さを忘れていなかった時期がある。言葉の問題は重要だ。ここまで来たら早急に取り戻さないと、差別も搾取も戦争も、まるでよいことのようにされてしまう。

年末年始には北朝鮮の最高指導者・金正恩《キムジョンウン》氏の暗殺を描いたハリウッド映画や、パリの風刺週刊誌の関係者らが殺害された銃撃テロが話題をさらった。言論の自由という理念そのものまでが揺らいでいる。よほどの呻吟《しんぎん》や葛藤が不可欠だ。

酷すぎる〝言論の府〟

日本共産党の志位和夫委員長に、「さすがテロ政党」の野次が飛んだ。2月17日の衆院本会議。志位氏の代表質問で、ＩＳＩＬによる日本人人質事件について、「真摯な歴史的検証を行うべきではないか」とアベ首相の認識を質した時である。

事態を重く見た共産党は、林幹雄衆院議員運営委員長に事実関係の究明を要請。マスコミ各社の扱いはごく小さかった。が、翌々19日には自民党がヤジの主を同党の山田賢治議員（49）だったと認め、小此木八郎国会対策委員長代理と山田氏本人がそれぞれ共産党控室を訪れて、発言の撤回と謝罪の表明に追い込まれた。ネット右翼丸出しの総理大臣を戴く国の〝言論の府〟でどれほどの妄言が放たれようと、今さら驚く気にもなれない。それにしたって酷すぎる。〝非国民〟が今風に言い換えられただけで、これでは戦前戦中と同じ、いや、過去の歴史を積み重ねた上での現状だということは、自民党政治の劣化もここに極まった感がある。どいつもこいつも、いい年をして、公の場で言ってよいことと悪いことの区別もつかないというのは、いったいどういうことなのか。

自民党だけが劣化しているのではもちろんない。謝罪当日の19日には京都府議会の一般質問で、維新の党の豊田貴志府議（39）が、自民党の撤回を知らずに「テロ政党とも評される共産党」と発言している。ちなみに〝言い出しっぺ〟の山田氏は2012年の衆院選で兵庫7区から出馬し初当選を果たした。神戸大学卒。住友銀行、通産省への出向、富裕層向けに特化されたSG信託銀行（現、ソシエテ・ゼネラル信託銀行）などでの勤務経験があるが、かねて差別的な言動ばかりが目立つ人物でもあった。

改めて指摘するまでもなく、後藤健二さんと湯川遥菜さんが殺された責任の少なくとも半分は、アベ首相の言動にあった。彼らが拘束されているのを承知で中東に出張っていき、難民支援を謳いつつISILを挑発する言葉をもって2億ドルを拠出し、あまつさえイスラエル国旗の前で「テロとの戦い」を宣言してみせた。

外交センスの欠落どころの騒ぎではない。逆に、あえて殺させて、弔い合戦だ、そのためには憲法改正だ、日米同盟の強化だという国民世論を高めるのが狙いだったかと勘繰りたくなる。

イラク戦争の頃の人質事件でも、政府の対応は醜悪だった。だが今回の顛末で、私たちはアベ政権にさらに引きずられ、ルビコン川を渡らせられてしまった気がしてならない。にもかかわらず――。

「さすがテロ政党」事件を、マスコミは追及しなかった。愚かし過ぎる空気を、今度こそどうにかしなければ。終戦記念日に発表される首相の戦後70年談話に関する有識者会議の要職に、またぞろ北岡伸一氏が起用されるらしい。警戒と監視を怠ってはならないと思う。

従順なマスコミなどいらない

沖縄県名護市の辺野古で、当局による弾圧が凄まじい。昨年11月の沖縄県知事選や同12月の総選挙で、米軍基地建設を容認しない県民の意志が明確に示されたにもかかわらず、いや、だからこそかえってと言うべきか、政府は抗議の声を上げる人々への暴力的な対応をエスカレートさせているのだ。

現地からの情報によれば、たとえば海上保安庁の要員が抗議船に飛び乗ったり、カヌーを外洋まで引っ張って放置したり。拘束は日常茶飯事。一歩間違えば死人さえ出かねない。

2月22日には、キャンプ・シュワブ前での大規模集会の直前、集会のリーダーが県警に逮捕された。米軍提供施設との境界線で市民と警察官とのもみ合いを制止していた彼を、米軍の警備員が後ろから施設内に引きずり込み、連行していったという。

もっとも、今回の本欄で強調したいのは、弾圧そのものではない。逮捕劇の数日前に行われていたが、沖縄県外ではほとんど報じられていない事実である。

海上保安庁の広報担当者が、国土交通省記者クラブ加盟の新聞やテレビ局の記者たちを個別に呼びつけ、ある〝説明〟を行った。沖縄の『琉球新報』と『沖縄タイムス』がそれまでに重ねていた〝過剰警備〟に関する報道は、どれも〝誤報〟だと言ったのだそうだ。

もちろん嘘である。地元紙による一連の報道には十分な裏付けがあり、写真が添えられているものもあった。そもそも本当に誤報なら、何よりも当の『新報』や『タイムス』に抗議するのが筋だろうに、海保側はそんなこともしていない。

だが今時の、権力べったりのマスメディア各社は、〝説明〟をすんなり受け容れた。集会リーダーらの不当逮捕についての報道も、一部の例外を除いて極端に小さな扱いで、「よほどの過激派だろう」と連想させる体裁のものばかり。忠誠を誓う証でもあったのか。

ところで記者たちを個別に呼び出す手口は、いかにもアベ政権だ。件《くだん》の総選挙を控えた時期に、自民党は党本部内に置かれる「平河クラブ」のテレビ記者たち1人ひとりに、同じやり方で「公平中立、公正の確保」を求める文書を手渡していた。改めて指摘するまでもなく、「批判的な報道なんかするんじゃねえぞ。わかっておろうな」という意味である。

仮にもジャーナリズムを名乗る者なら、怒り狂わなければならない相手に対して、しかし、どの新聞もテレビも、ひたすら従順だ。異常に過ぎる事態を、少しでも多くの人々に知ってもらいたい。

主張する人間はいらない？

月刊『ＳＡＰＩＯ』（5月号）の特集「誰がテレビを殺したのか」が面白い。中でも考え込まされたのが、経済アナリスト・森永卓郎さんの証言による「『森永は政府批判で干された』説の真相をお話しよう」だ。それによれば――。

森永氏は歯に衣を着せない権力批判で知られる、今どき貴重なテレビ文化人だ。ところが最近は経済番組や討論番組への出演機会が激減した。森田実氏や落合恵子氏らと同様に、反権力的なスタンスが疎まれているのかと思ったが、どうも違う。圧力がかかった形跡もない。かくて下された結論は、〈なぜリベラルが干されているのか。私は、ニーズがなくなってしまったのだと考えている〉。

あるラジオ番組で、森永氏の相談にタレントの光浦靖子さんが応えるという企画があった。そこで、なぜ自分は女性にモテないのかと尋ねると、「(森永さんは)〝意見〟を言うから嫌。世の中のことをわかりやすく解説してくれる池上彰さんとは一緒にご飯を食べに行きたいけど」と返されて、これは国民の声だと感じたのだという。

〈ネットにすでに様々な意見が溢れるなか、わざわざテレビやラジオで聞きたいとは思わない。それよりも、世の中に遅れないように、分かりやすく、丁寧に教えてほしい。それがいまの国民のニーズなのだ〉。

なるほど、ほとんど池上氏の1人勝ちに映る昨今のマスコミ事情の、これが背景か。とすれば次の問題は、そうした状況をどう受け止めるのか、だ。

確かに誰もが声高に自説を叫びたがるようになった。玉石混交のネット言説ですべてを知った気になるほどの愚もないが、事の善悪をさて置く限り、だからマスコミにはもはや主張する人間などいらないというメカニズムが発生するのはわからないでもない。

だが、それだけだろうか。私見だが、現代人の圧倒的多数派は、リアルな空間では現実を批判的に捉えたり、その本質を掘り下げていく姿勢を、初めから放棄しているのではないか。戦争も格差も何もかもをまず肯定し、その上での処世術ばかりを求めているような。

自虐ギャグじみた森永氏の問題提起は、その実、きわめて深刻な意味を帯びている。アベ政権に必ずしも従順でない番組も持つテレビ朝日とＮＨＫに自民党が事情聴取を行った。２０１５年４月、報道の自由は風前の灯である。

スポンサーに寄り添う報道

産業専門紙の記者をしていた頃の話。ある日、記者クラブでのたくっていたら、部長から電話があり、社に呼び出された。

「この人の話を聞いて原稿にまとめろ」

紹介されたのは、筆者の担当とは無関係の、小さな会社の社長さん。何とかかんとかニュースに仕立て、どういうことですかと部長に尋ねると、

「特ダネとして明日の紙面で大きく扱う。彼はそれを持って銀行に行き、融資をお願いするそうだ。もちろんウチはそれなりに戴いた。君の給料にもなるんだから文句は言うな」

普通のニュースとはかなり性格の異なる〝報道〟というわけだ。記者としては複雑な気持ちだったが、どうせ読者には業界紙の寄せ集めとしか思われていない新聞だし、銀行に軽んじられがちな中小企業の役に立つなら人助けか、と割り切ったものである。

だが、舞台が業界紙ではなく、定評ある一般紙や雑誌、テレビ番組だったら？　そしてまた、この手の〝報道〟が、当たり前のように繰り返されていくとしたら——？

「ネイティブ・アド」というトレンドをご存じだろうか。新聞、放送、出版、広告、ネットなど18社が参加する一般社団法人「インターネット広告推進協議会」（JIAA）が昨年7月に設置した「ネイティブアド研究会」の定義によると、〈デザイン、内容、フォーマットが、媒体社が編集する記事・コンテンツの形式や提供するサービスの機能と同様でそれらと一体化しており、ユーザーの情報利用体験を妨げない広告〉のことである。

要は記事や番組を装った広告だ。活字離れが進む中で、新しい収益源としての〝期待〟が大きい。この3月には、〈ユーザー（消費者）が誤認することのないよう〉、〈広告であることと、広告主体者が誰であるのかを明確にすることが必要〉などとするガイドラインが発表されはしたのだが、どこまで遵守されるものか。

ネイティブ・アドの「ネイティブ」は、「ネイティブ・スピーカー」のそれと同義だ。スポンサーのカネで掲載あるいは放映されていると読者や視聴者に気づかれず、自然に受け容れてくれることによる広告効果を狙っている。

ガイドラインの警告とは本質において矛盾を否めない。今後、ネイティブ・アドが普及してしまった場合、ただでさえ権力や巨大資本に弱腰なマスメディアが、これまで以上にスポンサーのヒモ付き〝報道〟を垂れ流し、人々を彼らの望む方向に動員していくようになる構造変化を、筆者は心底、怖れている。

作家の新聞投書

新聞の投書欄というのは興味深い。明治7（1874）年に創刊された読売新聞が、すでにその当時から投書を募集していたそうだから、読者参加型の民衆言論の場は、日本でも150年近い歴史を重ねてきたことになる。

『朝日新聞』の「声」欄に、作家・森村誠一氏の投書が掲載されたのは、さる6月17日付の朝刊だった。一連の戦争法案についての国会論戦が過熱していた折も折――。

〈開いた口が塞がらないとは、このことでしょう〉

の書き出しで、衆議院が招いた憲法学者3人の全員に「憲法違反」を指摘されても聞く耳を持たない政府を批判。こう結んでいた。

〈現在、国の存立と国民の権利にかかわる明白な危険とは何か。それは一番偉い最高責任者であると言っても過言ではありません〉

同感だ。82歳になる森村氏は『高層の死角』や『人間の証明』などのミステリーを中心に活躍してきたベストセラー作家。『悪魔の飽食』で731部隊の実態を広く知らしめた偉大なジャーナリストでもある。

有名作家の特権を行使できるはずの彼が、なぜ投書欄？　敢えて民衆の立場から、という本人の意志か、意見の内容が嫌われたり、過去の人扱いされて、この欄以外では取り上げてもらえなかったのかはわからない。

いずれにせよ森村氏は立派だ。深い見聞と経験に導かれた洞察を、プロの物書きには抵抗があるに違いないが、読みやすく、実際にもよく読まれている投書という形で、より多くの読者に伝えたのだから。そう言えば、やはりミステリーの売れっ子作家だった赤川次郎氏（67歳）も、アベ政権には強い懸念を示している。名声と平明に語る才能を併せ持つ彼らのような人々を、マスメディアはもっともっと大切にすべきだと思う。

同じ時期の『産経新聞』（6月16日付朝刊）の1面トップにも要注目。フィリピンで災害があれば駆け付ける自衛隊の法的地位を定める取り決めを日比両政府が検討中という。人道支援や救助を前面に掲げつつ、〈自衛隊のプレゼンスを強化することにより、南シナ海で強引な基地建設を進める中国をけん制する狙いもあるとみられる〉。

事実とすれば戦争法案、およびアメリカの太平洋戦略との関係は明白だ。当面は内外の関係者や報道の出方を確かめるために放たれたと思しき、いかにも産経らしい観測気流《アドバルーン》。ではあるかもしれないが、誰もがあらかじめ承知し、批判的検証に備えておきたい。権力べったりの新聞にも、目配りしておく必要がある。

軽んじられる文学

戦争法案の強行採決には腸《はらわた》が煮えくり返る思いだ。権力のチェック機能たるべきジャーナリズムは、とどのつまり何の役にも立たなかった。それを生業《なりわい》にしている人間の1人として、つくづく恥ずかしい。

そんなことを考えていた折に、芥川賞の受賞者が発表された。又吉直樹氏の「火花」（文学界2月号）と、羽田圭介氏の「スクラップ・アンド・ビルド」（同3月号）だったが、注目は又吉氏に集中した。理由は簡単。彼が吉本興業グループのお笑い芸人だからだ。

昨今のテレビはお笑い芸人に独占された感がある。ドラマも報道も、彼ら自身の出演の有無にかかわらず、悪ふざけと楽屋オチばかり。戦争法案を審議した国会議員らもすっかりテレビに染まって、まるで芸人モドキである。そして、ついに文学までが――。

無性に腹が立つ。主催者である日本文学振興会＝文藝春秋はなぜ、プロの職業作家たちをこうまで軽んじることができるのだろう。本気で文学を志している人々へのリスペクトがなさ過ぎる。そう言われたくないから本職との2人授賞にしたということであればなおさら、何をか言わんやだ。

2010年のポプラ社小説大賞を思い出す。受賞作の『ＫＡＧＥＲＯＵ』はタレントの水嶋ヒロ氏が芸名でなく「齋藤智裕」の本名で応募したもので、主催者側も大賞決定後に初めて正体を知ったという触れ込みだったが、ややあってヤラセの事実が発覚。児童書の名門だったポプラ社だけでなく、出版界全体が笑われた。

文学賞などどうせ商売でしかないと言ってしまえばそれまでだ。遡《さかのぼ》れば石原慎太郎氏の『太陽の季節』に与えられた1955年下半期の芥川賞など、実弟である裕次郎氏の銀幕デビューと絡《から》めたビジネス以外の何物でもなかった。〝芥川賞作家〟の肩書で東京都政まで破壊してくれた慎太郎氏のその後の半世紀を思えば迷惑千万も甚《はなは》だしいが、それでも、まともな年の方が多かったのも確かではあった。

貧すれば鈍する。本欄でも消費税の軽減税率適用を求める権力へのオネダリや、広告を編集記事に偽装する「ネイティブ・アド」の問題に触れたことがある。プライドを売り飛ばしたジャーナリズムは、今、はっきりと自滅の道を歩み始めている。

なお筆者は又吉氏の作品を読んでいない。読まずに批判するなと叱られそうだが、この場合、問題は彼の属性を利用して文学を単なる金儲けの手段に貶《おとし》めた出版社の卑しさであって、小説の中身ではない。本当に素晴らしい才能の持ち主であるならあるで、何か別の報い方をすべきだと考えるものである。

ジャーナリズムはどこへ行くのか

ジャーナリスト・堤未果さんの『沈みゆく大国　アメリカ』（集英社新書）シリーズが売れている。国民皆保険を目指すとされた米国の医療保険制度改革「オバマケア」が、逆にウルトラ格差社会のさらなる拡大ばかりを招いている実態と、そんな米国流に追随し、すでにある皆保険制度を解体しようとしている日本の愚かすぎる状況を活写した作品だ。

ではなぜ、米国の市場原理主義はこれほどまでの力を持ってしまったのかと言えば、ジャーナリズムの責任が大きいという。このままでは日本もそうなる。本の紹介サイト「新刊ＪＰニュース」の著者インタビューに、堤氏の談話が載った。要約して紹介する。

「１９８０年代にメディア所有の規制緩和が行われて以来、米国で流れるニュースは大きく企業寄りになった」「（メディアが流す情報は）広告化していると言うべきでしょう」

――米国の医療健康情報サイト「Web MD」が政府と宣伝契約を結んでいて、オバマケアを肯定する記事を書くと12万ドル（約１２００万円）以上が支払われるという事例が印象的でした。

「医師達はショックを受けていましたが、企業幹部などは『え、マーケティング、当然でしょ？』と涼しい顔でしたよ。（政府や巨大企業は）ある政策を通そうとした時、反対の声を封じ込めるために、有名ウェブサイト、有名ブロガー、ハリウッド、連続ドラマを動員する。ハリウッドスターたちが一斉に『オバマケアは素晴らしい制度だ』とブログやツイッターに書き込んだこともありました」

私たち日本のジャーナリストは長年、米国のジャーナリズムを理想視してきた。「ペンタゴン・ペーパー」をすっぱ抜いたり、「ウォーターゲート事件」を暴き出した実力に誰もが憧れたから。所詮は金儲け以外の価値感を認めない新自由主義の本場である以上、現状も自然の成り行きではあるのだろうが、それにしても――。

「米国では労働記者が一番減りました。貧困層の声を聞く記者を（メディア）企業は最初に切るのです。金融記者がたくさんいるのは、雇い続けるメリットがあるからです」

とも堤氏は語った。貧すれば鈍する。ネットに押されて収益構造が悪化し、組織維持のためならと禁じ手にまで手を出し始めた醜態は日本のメディアも同様だ。62頁で取り上げた「ネイティブ・アド」（記事と一体化した広告）もまた、本家本元は米国なのである。

ジャーナリズムはどこへ行ってしまうのか。次回から数回にわたって、自らの存在意義《レゾンデートル》さえ見失いつつある惨状をお伝えしたい。「問題など何も起こっていない」ことにされがちな実態を広く知ってもらい、せめて自浄のよすがとするためにも。

広告化する報道

筆者は今春、ルポルタージュ『子宮頸がんワクチン事件』（集英社インターナショナル）を上梓した。タイトル通りの内容だが、この予防接種と重篤な副反応との因果関係そのものには、あまり深くは踏み込まなかった。医学界でも意見が対立しているのに、素人が何事かを決めつけるのは危険だからだ。

ジャーナリストとしての関心は、むしろ、もともと安全性に疑惑のあったワクチンが、どうして短期間のうちにあれほど広まり、定期接種の制度にまで乗ることになったのか。そのパワーとメカニズムの正体にあった。

驚いたのは、子宮頸がんの予防啓発グループ「リボンムーブメント」の背後にいた勢力の存在である。乳がん検診の早期受診を推進する世界規模の運動「ピンクリボン」から派生した女子大生たちの自主的な取組みが謳われていたのだが、調べてみると、日本のピンクリボン運動は朝日新聞社と、その関連団体「日本対がん協会」の事業だった。

朝日と対がん協会のコンビはまた、かのワクチンの導入を政官界やマスコミ界に強く働きかけ続けた「子宮頸がん制圧をめざす専門家会議」の中核でもあった。朝日系の広告会社が事務局を担当するなど、まさにグループ挙げての一大展開だったのだ。

もちろん専門家会議のスポンサーはグラクソ・スミスクラインと、メルクのそれぞれ日本法人。要は子宮頸がんワクチンの2大メーカーだ。リボンムーブメントは、こうしたビジネスの一環で、戦略的に産み落とされた。対がん協会の2009年度事業報告書には、女子大生を組織化することの目的が明記されている。

草の根の患者団体やペイシェント・アドボカシー（Advocacy＝弱い立場の人々の権利擁護や、そのための政策提言等を行う運動）の台頭は、本来、大いに歓迎すべき潮流であるはずだ。だが現実には、その背後に巨大製薬資本などが控えていて、世論誘導を図っているケースが少なくない。

アメリカでは常態化して定着し、〝人工的な草の根運動〟という意味で、「アストロターフィング」（Astro Turf＝人工芝）と呼ばれている。いつの間にか日本にも上陸し、代表的な新聞社がこれを仕掛けていたということになるのである。まだしもジャーナリズムの王道を歩んでいると多くの読者が信頼していた朝日新聞までが、金のためなら――。

事態はあまりにも深刻だと、筆者は受け止めている。読者の皆さんはどう考えられるだろうか。

〝世界記憶遺産〟とんでもない誤訳

「明治日本の産業遺産」（合計23施設）の世界遺産登録の問題がようやく決着したと思ったら、今度は〝世界記憶遺産〟が国際間の争いの火種になっている。中国の申請による「南京事件」資料と、日本が申請していた第二次世界大戦後のシベリア抑留に関する資料が、相次いで登録されたのだが――。

前者はいわゆる「南京大虐殺」だ。日中戦争下の1937年12月、旧日本軍が南京市を占領し、多数の中国人を殺害した事件のことである。中国側が30万人と主張する犠牲者数について、日本側は2万人から20万人だと反論するなどの対立が続いていた。

今回の登録で中国政府は、「日本の軍国主義が犯した重大な罪を国際社会が認定した」と受け止めており、歴史問題を強調した対日攻勢を強めてくると見られる。日本政府は、「ユネスコを政治利用すべきでない」と中国外務省に抗議。ユネスコに対しても、分担金や拠出金の停止を検討するとの強硬姿勢を打ち出した。

一方、旧ソ連による元日本兵ら57万5000人（日本政府調べ）のシベリア抑留資料の申請と登録には、ロシア政府が「2国間で解決する必要がある問題。ユネスコを政治利用すべきではない」と強く反発している。

中国も日本も、どっちもどっちの茶番劇ではないか。そして日本国内では、またぞろナショナリズムの名にも値しない、安っぽい自国絶対主義が蔓延し始めた。中国は反日だ、ロシアもけしからん、というのである。

もはやつける薬もない短絡的なヤンキー政治にも社会にもほとほと呆れるが、この問題、そもそもの責任はマスコミにあると言って過言でない。先に〝世界記憶遺産〟と、ちょんちょんカッコで括ったのは他でもなかった。

ユネスコにあるのは、〝Memory of the World〟の制度であって、「世界記憶遺産」など存在しない。自然や産業遺跡等を対象とする「世界遺産」（The World Heritage）の登録手続きが国際条約で決められ、関係国による議論の場も用意されているのに対し、「世界の記憶」はユネスコの一事業に過ぎず、申請資料の全体は公表されないし、関係国間の意見調整も伴わない。事務局による審査の基準も、資料保全の必要性だけなのだ。

制度そのものが異常なのである。それをチェックし、改善に向けて世論を喚起するのが役目のはずのマスコミがまた、わざわざ勘違いさせるためでもあるかのような誤訳を乱発し、ろくでもない風潮を煽りまくっている惨状は度し難い。抜本的な改革が必要だ。

悪夢なら早く覚めてくれ。取り返しのつかない事態が招かれないうちに。

沖縄を報じないマスコミは万死に値する

つくづく恐ろしい国にされてしまった。読者は今、沖縄で何が起こっているのかをご存じだろうか。

さる11月4日、名護市辺野古の米軍キャンプ・シュワブ前に100人規模の警視庁機動隊員が投入された。以来、新基地建設に抗議する市民らを腕力で弾圧し続けている。後頭部を地面に強打させられた男性をはじめ、負傷者が続出した。ところが――。

沖縄のメディアはもちろん大きく、全国ネットのテレビニュースも一部が短く報じたが、在京の大手紙はほぼ黙殺。日頃は権力批判で知られる東京新聞までが、読者の少ない夕刊でしか伝えたがらない異常事態だ。

逮捕者の1人は、機動隊員を〝蹴った〟公務執行妨害の疑い。ただし動画映像などで隊員にバランスを崩され足が上がった様子が証明され、はたして2日後には釈放された。

警視庁はまた、強制排除した市民を、車両と鉄柵で囲った場所に拘束している。排除後の拘束は「予防拘禁」（刑期満了後も引き続き拘禁する制度。戦時中の治安維持法下で思想犯に適用された）とも言うべき不当行為だ。負傷者らによる刑事告発の準備も始まった。

これに比べたら、沖縄県警の機動隊はまだしも人間らしかったとか。警視庁の機動隊員は1泊約5万円の高級リゾートホテルに連泊しているという。マスコミではおそらく唯一、この問題を報じたタブロイド判タ刊紙『日刊ゲンダイ』（11月6日付）には、具志堅徹県議の「（警視庁の機動隊員は）暴れるのを楽しんでいるようにさえ見える」というコメントも載った。

このままでは死人が出かねない。いや、全国民に国家権力の恐怖を見せつけるためなら、あえて〝出す〟危険すら否定できないのだ。

辺野古をめぐる政府のやり方は卑劣きわまる。翁長雄志・沖縄県知事が埋め立ての承認を取り消したのに対して沖縄防衛局が行政不服審判所に〝私人〟の立場で申し立て、取り消しの効力を停止させることまでした。10月23日には93人の行政法研究者が、「国民の権利救済を目的としている行政不服審査制度を濫用するに甚だしいものがある」などとする異例の反対声明を発表しているが、圧倒的多数のマスメディアはこの事実も無視した。

日本はもはや法治国家の体を為していない。にもかかわらず〝何も起きていない〟ことにしたマスコミは万死に値する。政官財マスコミが一体化した暴挙を許していたら、日本は半永久的に独裁戦時体制に置かれてしまう。

第2章

恐ろしい監視社会

マイナンバーのほんとうの目的

とうとう〝マイナンバー〟が始まってしまった。２０１６年の新年早々から本格的な運用がスタートし、12ケタの個人番号を記載したＩＣチップ内蔵の「マイナンバーカード」も交付されている。

政府はかねて、この制度は「行政の効率化」や「国民の利便性の向上」、「公平・公正な社会の実現」を図るものだとして、大々的な宣伝を重ねてきた。だが不安は尽きない。おそらくは今後、加速度的に膨らんでいくことになるだろう。〝マイナンバー〟が存在する限り。

すでに番号の通知が行われたのは周知の通りだ。昨年10月から各戸に郵便配達されているのだが、この間には別人への誤配や、いつまで経っても届かない未配達の問題がマスコミで騒がれた。本稿が読者の目に触れる頃でも、まだ続いているかもしれない。

当然の話ではある。なにしろ相手は全国民の所帯合計約５６７３万軒だ。だからといって増やされたわけでもない郵便局員たちの全員が全員、完璧な仕事をやり遂げると考える方がどうかしている。

これはこれで大変なことだ。誤配された先で〝マイナンバー〟が覗かれ、なりすまされない保証はないのだから。とはいえ行政側が積極的に広報したがる、こんな話題にばかり目を奪われていると、制度の本質を見失う。

所帯単位での通知というやり方だけを取っても、たとえば配偶者のＤＶ（ドメスティック・バイオレンス）から逃れて別居中の人や子どもはどうなるのか。被害者は住民票を移さないのが普通だから、恐怖の対象に〝マイナンバー〟を知られかねない。このあたりは政府も承知していて、「やむを得ない理由」がある場合はその旨を届け出れば実際の居住地への配達も可能になる措置を講じていたものの、提出書類から情報が漏れかねない怖れなどから申請しなかった女性も多かった。

あるいはまた、家族も後見人もいない認知症患者や障害者は。介護施設に住民票を置いている高齢者の場合、施設側が入居者の〝マイナンバー〟を管理する必要があるのか、等々。

要するに、通知すること自体がそれほど大変な代物の、いずれ国民ＩＤ（存在証明）への展開を既定路線としている政府の正統性そのものが問われなければならない。なお〝マイナンバー〟とちょんちょんカッコをつけたのは、私自身の意志とはかけ離れた、お上による一方的な付番であるためだ。筆者自身は〝マイ〟どころか、「スティグマ（奴隷の刻印）・ナンバー」以外の何物でもないと捉えている。次回からは煩雑《はんざつ》を避けるので容赦されたい。

「私は番号ではない」

マイナンバーの通知が誤配されたり、受け取りを拒否されるケースが相次いでいる。困った自治体はあの手この手の対策を講じているが、凄まじいのが愛知県稲沢市だ。

受け取ってもらえなかった相手に、来庁まで取りに来いと求める「通知カード返戻通知書」を送付し、次のような脅迫を書き添えたのである。対象は2275所帯だったという。

〈本通知書は、居住実態の確認も兼ねております。後日調査の上で、居住確認のとれない方は、住民票を消除する場合もありますので御了承下さい。〉

送り付けられた住民がネットに投稿し、夕刊紙『日刊ゲンダイ』（1月14日付）が取材して表面化した。全国紙やテレビでは、毎日新聞が地方版で後追いしたのみ。

住民票が一方的に取り消されるケースがあり得ないわけではない。消除されれば行政サービスが受けられなくなるが、住民基本台帳法が想定しているのは家出や失踪で、マイナンバーは関係ないのだ。にもかかわらず――。

だから稲沢市役所の市民課も、『ゲンダイ』の取材に、「表現が行きすぎました。ただちに消除することは絶対にありません」と答えたそうだが、謝れば済む問題ではない。ここにはマイナンバーの本質がある。マイナンバーとは、行政をして必然的に稲沢市のような態度に導くのである。

人間関係は互いの呼び方に規定されがちだ。男女の関係がわかりやすいだろう。

私たちは政府に、何よりも番号として認識されることになった。運転免許証や健康保険証など目的別の、つまり便宜の番号とは意味が違う。福田峰之・内閣府大臣補佐官が語っていた。

「番号はただの「名前」。私が「福田峰之」と知られて、まずいことは何もないということと同じだ」

『週刊エコノミスト』（2015年9月15日号）

マイナンバーカードを紛失したら、悪用されて危険ではないかという批判を否定するための主張だった。これはこれで嘘ではないにせよ、より深刻な真実があからさまになっている。

私たちは番号にされたのである。本名など政府にとっては意味がない。あくまでも番号。どこまでも番号。囚人番号と変わらない。どこがどう違うのか。

「私は番号ではない。弓削達《ゆげとおる》である」

かつて住基ネットの反対運動でご一緒した古代ローマ史の泰斗・弓削達先生（故人、当時はフェリス女学院大学名誉教授）の言葉だ。本物のインテリゲンチャ（社会的責任を自覚した知識人）の至言に学びたい。

人間を支配するための基本システム

マイナンバー制度は、2007年に発覚した〝消えた年金〟問題を契機に計画されたと伝えられている。旧社会保険庁による年金加入者データの管理が杜撰で、納付した保険料が記録されていなかった等のケースが続出した騒動のことだ。今後はこんな不始末のないように、という理屈が、マイナンバーという名の国民総背番号制を正当化させた。

だが、年金云々は口実に過ぎない。マイナンバーのルーツは、日本警察の創始者こと川路利良が明治初期に打ち出した「内国旅券制度」構想に遡る。8歳以上の国民全員に〝旅券〟の携帯を義務づけ、移動の自由を制限することで、警察の取り締まりを容易にする狙いだったが、さすがに政府部内の反対で日の目を見なかった独善的な発想が、150年近い歳月を経て甦ってしまった。

戦前戦中は旧満州などの植民地の住民に番号が割りふられた。刑務所の囚人番号と同じで、要は人間を支配するための基本システムが、国民総背番号制なのである。

現在のマイナンバーに直結したのは、1968年に当時の佐藤栄作内閣がスタートさせた「統一個人コード」推進のための各省庁連絡研究会議だ。めざましい発達を遂げつつあったコンピュータを政府においても利用しようという国策の一環で、中でも熱心だった中山太郎参院議員（後に総理府総務長官、外相などを歴任）は、『一億総背番号』（日本生産性本部、1970年）なるタイトルの本まで著している。それによれば、

〈国民一人一人に番号をつける。K君は一九七〇年一月一五日生まれだから700115、これにその日の出生届の受付順で3648という一連番号がついて、合わせて7001153648。この番号を持つ者は日本広しといえどもK君以外に一人もいない。K君はこれを一生変えずに年金でも保険でも税金でも住民登録でも、また一般社会生活においても活用し、お役所の手続きには必ず使う〉

というのである。マイナンバーそのものではないか。半世紀近くも昔の記述ゆえ、表現が露骨な分だけ、本質がわかりやすい。

もっとも、この時は国民総背番号制の実現には至らなかった。マスコミや労働組合が現在よりはずっと強力で、反対の世論が政府の思惑を圧倒したのだ。徴兵され、「兵籍簿」によって管理されていた戦争体験を連想した人々が社会の中枢に多くいたことも大きい。

だが、政府は諦めなかった。一方で、国民の側の想像力あるいは知性もどんどん劣化していく。

国民総背番号体制への悲願

「統一個人コード」構想に頓挫した日本政府は、その後も手を変え品を変えては、国民総背番号体制の構築に繋げるための政策を繰り出してきた。「グリーンカード」「基礎年金番号」「住民基本台帳ネットワーク」あたりが、「マイナンバー」の前史と言えるだろう。

「グリーンカード」は1978年に浮上した番号付き「少額貯蓄等利用者カード」交付計画の別名だ。金融機関に口座を開く際に提示を義務づけて個人の資産を把握すると、当時の大蔵省（現、財務省）は強調した。

そのための法案も可決・成立し、1984年からの交付が一度は決定されたのだったが、実現には至らなかった。自民党の金丸信氏や民社党の春日一幸氏らの有力政治家が、「自由主義経済に逆行する」として猛反対したためである（それにしても「1984年」とは。98ページを参照されたい）。

彼らの行動原理が（自らを含めた）富裕層の利益にあった可能性は否定できない。かくて富裕層を敵に回すことの怖さを政府は知る。結果的に国民総背番号体制の完成が遅れはしたものの、一方では同時並行的に、現在の「マイナンバー」に至る道筋も敷かれていた。

給与所得者vs申告納税者の対立を煽《あお》る演出だ。サラリーマンは勤務先による源泉徴収と年末調整で所得の9割方を捕捉《ほそく》されているのに、自営業者は6割、農業従事者は4割しか捕捉されていない、不公平の解消には納税者番号制だとする「クロヨン《964》論」がしきりに叫ばれ始めたのも、70年代の末頃からだった。

これだと民衆の敵意は身近な自営業者や農民に向かうので、富裕層は納税者番号の抵抗勢力にならない。どのみち支配階層と重なる富裕層には便宜が図られる。政府は地ならしを急ぎつつ、年金の種類によって分かれていた公的年金番号の一本化、すなわち基礎年金番号の導入へと歩を進めた。コンピュータによる加入記録の一元管理が始まったのは１９９７年。そして10年後の２００７年には、例の「消えた年金」問題（５０００万件もの納付記録漏れが発覚した）が表沙汰になり、２００９年に誕生した民主党政権が、この問題の解決を目指す「税と社会保障の一体改革」を掲げて――。

陰謀論を展開するつもりはない。ただ、制度そのものはバラバラのままで、年金番号だけを統一すれば、やはり職業によって方法が異なる納税の領域とも連動させるべき、という議論が高まるのは必定だった。

２００２年には住基ネットも本格的に動き出している。行政事務の効率化を謳《うた》ったこのシステムもまた、国民総背番号体制へのアプローチのひとつだった。

住基ネットとマイナンバー

「だって、国民は奴隷になりたがってるじゃないですか。誰も反対しなかったでしょ」

ある官僚が言った。住民基本台帳ネットワークが稼働した2002年頃の取材だ。話すうち、彼が近い将来の国民総背番号制度化を承知し、自らも運用に手を染める立場であることを恐れているように見受けられたので、

「わかっているなら、あなたはどうして省内で問題視してくれなかったんですか」

と尋ねて、返ってきた言葉だ。「私は反対しましたよ」と反論すると、こう切り返された。

「あなたと、日本中でほんの数人だけね。役人は国民の〝総意〟に従うしかないんです」。

開き直りか、絶望の果ての諦観《ていかん》か。ともあれ住基ネットは、たとえば当事者のそんな思いともまるで関係なく、歩みを進めていった。

法制化されたのは1999年。筆者は国会審議の以前から警鐘を乱打していたが力及ばず、ただし一定の共感を集め、全国の合計で約60件もの違憲訴訟を呼び起こしはしたものの、一部の例外を除いて、ことごとく敗訴の憂き目を見る結果となった。

原告側の主張は、「国民総背番号制度は国家による著しいプライバシーの侵害だ。憲法13条が定める国民の個人としての尊重、幸福追求権に反する」という点に尽きていた。対する国側の「住基ネットには氏名、住所、生年月日、性別の基本4情報だけしか流れない。本人確認以外の目的でデータマッチングされることもないし、公共の福祉に資するので、13条違反ではない」とする論法を、司法は全面的に支持する判決を連発した。

住基ネットをめぐる政府の動きは、その後、一時的に停止された。連戦連敗ではあっても、一連の裁判闘争がまずまずの歯止めの役割を果たした格好だが、それも束の間。2007年には〝消えた年金〟問題が急浮上し、再発防止を大義名分に「税と社会保障の一体改革」が掲げられて、今回の〝マイナンバー〟導入への道筋が敷かれていったのである。

住基ネットとマイナンバーとは、したがってとりあえず別物だ。マスコミや有識者の多くが、「住基ネットに投入された巨額の国費が無駄になった」と憤りたがるのは周知の通り。

だが、それは違う。12桁のマイナンバーは、11桁だった住基ネット番号を基に生成され、割り振られている。順を追って国民を安心させたり慣れさせたりの意味も含めて、両者は不可分の関係にあった。魂を湛《たた》えた人間1人ひとりを番号で管理し、支配したい日本政府の〝悲願〟に断絶はない。

ワンカード化

今年の1月から本格的に動き出したマイナンバー制度。自治体によるＩＤ番号の通知は昨年10月に開始されており、すでに半年以上が経過したのに今なお作業が終わらない状況ばかりが、近頃はマスコミに取り上げられている。総務省は早期の決着に躍起だそうだ。

だが、そんなことはどうでもよい。怖ろしいのは国内の全居住者に番号が徹底された先である。本物の監視社会がやってくる。

――ワンカード化。

社員証や免許証、クレジットカード、鉄道定期券など、巷に溢れるあらゆるカード類の機能を、原則的に1枚のマイナンバーカードに格納してしまおうという構想だ。政府のＩＴ総合戦略本部が２０１４年6月に開いた会合で、他ならぬアベ首相が「20年を目途に実現させる」と強調していた。国民の利便性を大幅に向上させ、以て成長戦略の一環とするというのである。

いわば「Ｔポイントカード」を限りなく拡大し、官民の垣根もなくするイメージか。Ｔカードとはレンタルビデオのｔｓｕｔａｙａを中心に、提携先のコンビニやスーパー、ネット通販などでも利用できるという、アレだ。その普及ぶりは凄まじく、今や売り場のレジで所有の有無を尋ねられた経験のない人の方が少数派ではないかと思われる。

なるほど便利ではある。ただ、これで買い物をすると、その履歴が各企業に共有・解析され、自分では縁のないつもりだった店舗等から広告メールが送信されてきたりもする。

ということは、カードを運用する側には、利用する側の行動をかなりの程度、把握できるということだ。ワンカード化されたマイナンバーカードも同様。いや、こちらはスケールが桁外れに大きい上、国策に位置づけられているのだから、1人ひとりの人間にしてみれば、政府や関連の企業にほとんど一挙手一投足を見張られることにも等しい。

すでにIT総合戦略本部では、今年度後半からの2年間余を〝ワンカード化の推進〟に当てるとする工程表（案）も明示している。総務省がID番号の通知を急ぐのは、このスケジュールが控えているからだ。

筆者のような、マイナンバー＝ワンカード化＝国民総背番号体制だとする批判は当然、織り込み済みである。したがって個人情報保護を謳《うた》う各種の法整備やシステム構築が前面に打ち出され、備えは万全のポーズが喧伝されてはいるのだが、さて――。

社会保障のためのマイナンバーのウソ

マイナンバー制度導入のきっかけは、いわゆる〝消えた年金〟問題だったとされている。第1次安倍晋三政権下の2007年に5000万件の納付記録漏れが発覚し、当時の社会保険庁（現在の日本年金機構）に対する国民の怒りが爆発。翌々09年8月の総選挙で自民党が野に下ることになる、最大の引き金にもなった。

住民基本台帳ネットワークの稼働以来、水面下に隠れていた政府の国民総背番号体制への野望が、この過程で露呈した。政権交代を果たした民主党政権は、「税と社会保障の一体改革」を掲げ、それにはマイナンバーが不可欠だと国民に刷り込んだところで、再び自民党に権力を奪われてしまう。

2012年12月に発足した第2次安倍政権が、そして、マイナンバーの用途を大幅に拡大し、民間にも開放していく。それでも13年5月に可決・成立した関連法の付則には、拡大の具体的な検討開始の目途は施行の3年後だと明記されていたのだが、彼らは15年10月の施行を待たずに改正法を成立させて、マイナンバーを思惑通り国民総背番号体制の中核システムに仕立て上げることに成功した。

アベ政権が悪辣だからというばかりでは、必ずしも、ない。仮に民主党政権が続いていていても、所詮は時間の問題だった。どの政治家が、官僚が、というよりも、この国の支配層の総体が、国民総背番号体制を欲した――というのが筆者の結論だ。

社会保障云々は、国民を欺く隠れ蓑だった。はたして同時並行で進められた消費税増税も、当初こそ〝社会保障の充実〟を声高に強調していたが、現実は周知の如くである。初年度の2014年度予算は増税による5兆円の増収を計上しながら、肝心の社会保障の〝充実〟に回ったのは、わずか1割の5000億円のみ。残る4兆5000億円については、もともとあった社会保障の財源を置き換えて公表されており、早い話が他の歳出のために費消されたということになる。

実際、増税を控えた2012年、13年に相次いで成立した「社会保障制度改革推進法」や「社会保障改革プログラム法」の眼目は、国民に対する「自助」の奨励だ。国民が〝充実〟なる表現から連想した「公助」とは正反対の、要するに社会保障の〝削減〟〝縮小〟以外の何物でもありはしない。

政府のPRは根幹からしてウソだった。そんなものに私たち日本国民はいとも簡単に騙され、自らが支配されるためだけのシステムを、容認してしまっているのである。

「スノーデン・ショック」

〈そもそも大量監視は民主主義と矛盾するものではなかろうか〉——。

これが監視社会の本質だ。ということはマイナンバーの核心をも衝いたのは、カナダ・クイーンズ大学監視研究センターのデイヴィッド・ライアン所長である。読者には、4月に日本語版が出た彼の新刊『スノーデン・ショック』（田島泰彦ほか訳、岩波書店）を薦めたい。

エドワード・スノーデン氏が、自ら従事していた米国家安全保障局（ＮＳＡ）による自国と同盟諸国の市民監視の実態を告発したのは２０１３年6月。その行為の世界史的意義を明確に位置付け、深く考察している。

本書によれば、ジョージ・オーウェルのディストピア小説『１９８４年』の世界——〝ビッグ・ブラザー対人民〟の構図——を、現代の監視シーンははるかに超えた。新自由主義の下で官と民、すなわち国家による思想統制と巨大資本のマーケティングとが統合されて、私たちを彼らの利益に奉仕するよう操っていく。

ネット社会の深化で、むしろ私たちは積極的かつ自発的に、自分自身の人生を彼らに委ねるための個人情報をどしどし提供してしまう。一挙手一投足の足跡を名寄せさせるマスターキーが、米国なら社会保障番号《ソーシャル・セキュリティ・ナンバー》、日本だとマイナンバーだ。

民間のウェイトが高まったからといって、〝ビッグ・ブラザー〟のパワーは減殺されない。スノーデンの告発ではNSAによるドイツのメルケル首相の盗聴が広く伝えられたが、本書ではブラジルのジルマ・ルセフ大統領（現在は停職中）も標的だった事実も明記された。改めて調べてみると、彼女の思想傾向に対する米国支配層の不満が背景にあるらしく、とすれば汚職疑惑をめぐる弾劾裁判やリオデジャネイロ五輪を控えた同国の治安情勢にも、彼らの意志が働いている可能性が小さくないのではないか。

読者は監視の恐怖を骨の髄まで思い知るだろう。重要なのは決して絶望せず、生きている間に少しでも真っ当な、人間らしい世界を取り戻すべく行動することである。

折しも『サンデー毎日』が6月から7月にかけてスノーデン氏への独占インタビューを連載した。ジャーナリストの小笠原みどり氏が、彼のきわめて重要な発言を引き出しているので紹介しよう。

〈「監視は最終的に、権力に対する声を押しつぶすために使われています。そして反対の声を押しつぶすとき、ぼくたちは進歩をやめ、未来への扉を閉じるのです」。〉

プライバシーの〝価値〟

マイナンバーのモデルは北欧のエストニアだと言われることが多い。確かに日本の政財官界は近年、それまであまり縁のなかった同国政府との交流を活発化させており、2015年秋には甘利明・経済財政政策担当相（当時）までが視察に出向いているほどだ。

彼らは一様にエストニアを絶賛した。取材に赴いた新聞記者までが、「（同国の）国是は番号制度を媒介にしたIT（情報技術）の革新で成長を促し、人びとの暮らしの質を高める『eエストニア』だ」「（批判の多い日本の）マイナンバー論を聞くにつけ、周回遅れの感を強くする」と書いていた（日本経済新聞2015年5月11日付朝刊）。

ならば真実の一端でも知りたい。とりあえず、エストニア政府の情報最高責任者ターヴィ・コトカ氏の談話（「ダイヤモンド・オンライン」2015年3月13日配信）から――。

「電子化された世界では、プライバシーの価値が異なります。エストニアでは、例えば私についてネット検索をすると、住所や給料も調べられます。ですが、これは〝秘密〟ではなく、透明性があるということに過ぎません」

本当なら筋は通る。いや、どうしてもマイナンバーだというなら、官僚や政治家らの公人が率先して一切合切をさらけ出すのは当り前だ。私たちもまた、政府には「公平・公正な社会を実現」する制度だと強調されてきた。

だが現実はまるで違う。日本の政財官界で、ではまず我々がすべてを国民にオープンにしなければ、などという議論が交わされたことが一度でもあったか。

この部分が伴わない限り、マイナンバーは運用する側の政財官界が国民を監視・管理していく方向にしか向かいようがない。そう言えば、エストニアはかつて、ソビエト連邦に属していた。

コトカ氏はこうも語った。「番号制に対してプライバシーを心配される方々もいますが、紙の世界の方が、プライバシーが低い場合もあります。実際、われわれは旧国家保安委員会（ＫＧＢ）の監視下で、プライバシーの無い生活を続けていましたからね」。

なるほど、かの国の人々にはソ連秘密警察に支配されていた過去があった。議論の大前提には、それよりはマシだという喜びがあったのだ。

これもまた日本とは違う…はずだと信じたい。日本だって実はアメリカに操られるだけの国でしかなかったし、マイナンバーもその状態をより徹底するための道具でしかないじゃないか、などと考え始めると、気が変になりそうだけれども。

浮上する「共謀罪」

またぞろ「共謀罪」が浮上してきた。政府は犯罪の実行がなくても話し合っただけで処罰できる罪状を新設した「組織犯罪処罰法」改正案を、この臨時国会に提出する方向で検討中である。7月の参院選挙では影も形もなかったのに、自民党の圧勝に終わったとたん、例によって〝テロ対策〟の掛け声とともに。

アベ政権が目指す憲法改正の、とりわけ個人の幸福追求権や、表現の自由を大幅に制限したい意向を先取りする狙いが明々白々である。市民運動や労働組合の活動そのものの規制に通じる危険が大きいので、比較的、世間の関心が高くなくはない。過去に幾度も法案化されながら、ことごとく流れてきたのもこのためだ。

私もまた今回、弁護士会のシンポジウムや、ラジオ番組に慌ただしく呼ばれた。それで改めてわかったのは、一般にはまだまだ、共謀罪の本質が伝わっていないという現実である、少なからぬ人々が一定の危惧を抱いてはいても、すでに可決・成立している刑事司法改革関連法制との連動が恐ろしい。

なにしろ司法取引が解禁された。密告が奨励される社会にあっては、話し合いの内容が微妙であるほど、互いが信じられなくなる。警察はまだ起こっていない〝犯罪〟の予防を掲げれば通信傍受（盗聴）がやり放題になったので、誰もがそのターゲットになり得るのだ。時にストーカーと化した悪質な警察官に盗み聞き・盗み見される女性の増加も必定。

そして当然のことながら、ここでも〝マイナンバー〟は利活用される。運動や組合の誰かが自分の減刑を条件に仲間を売れば、警察は彼らのマイナンバーからカードを使った買い物や移動の履歴、顔認証機能のついた監視カメラの映像記録等々を容易に検索できる。つまりはマイナンバーによって、ほぼあらゆる個人情報は名寄せされ、串刺しにされる。

「僕は悪いことなどしていないから心配ない」と言いたがる人が少なくないが、間違っている。どういう言動が悪いか悪くないかの判断は、刑事司法の場においては本人ではなく、捜査当局に委ねられているからだ。反戦平和を謳《うた》う市民運動も、労働者に人権をと求める労働組合も、時の政権にとって邪魔な存在であれば、すなわち犯罪にされてしまいかねないのである。

２０２０年東京オリンピックを控えて、〝テロ対策〟の言葉は今後、魔法の呪文のように繰り返されていくだろう。騙されてはいけない。私たちは権力や巨大資本に操られるために、この世に生を受けたのではないのだから。

『一九八四年』の世界

2018年3月中旬現在、日本中は〝森友文書〟をめぐる騒ぎで持ちきりだ。国会で財務省が、学校法人・森友学園への国有地売却に関する決算文書14件が改竄《かいざん》されていた事実を公表して火がついた。安倍首相夫妻らの関与を示す記載が、意図的に削除されていたのである。

この問題が噂になり始めた頃、私は英国の作家ジョージ・オーウェルの『一九八四年』を思い出した。国民の全行動が権力者ビッグ・ブラザーに見張られている社会の悲劇を描いた作品だ。いわゆる監視社会の話題では必ずと言ってよいほど引き合いに出されてきた。

だが今回、私が連想したのは、主人公ウインストン・スミスの職業だった。「真理者」記録局に勤務する彼は、過去の新聞記事をビッグ・ブラザーに都合よく書き換えていく。こんな思いを抱きながら…。〈それは偽造ですらない。一片のナンセンスを別のナンセンスと差し替えるだけのこと。処理している素材の過半は、現実世界に存在するものと何の関係もない、あからさまな嘘にも含まれている類《たぐい》の関係すら持っていない〉（高橋和久訳、ハヤカワepi文庫版より）。

森本文書の場合、改竄前の内容は嘘ではなかったはずだから、これとは違う。けれども、そもそも安倍政権という存在自体が悪夢である以上、〝ナンセンスからナンセンスへ〟という比喩《ひゆ》は、ピタリと当てはまる。

作品の設定は核戦争後の、オセアニア、ユーラシア、イースタシアの3大超大国に分割統治されて、なお紛争が絶えない世界だった。度重なる歴史の改竄で、一切の検証作業が不可能にされていたB・Bのオセアニアと安倍政権の日本と、一体どれほどの差があるといえるのか。

権力は必ず腐敗する。右も左もない。『一九八四年』は東西冷戦のさ中に発表されたこともあり、西側ではソ連をモデルにした小説だと解説されがちだったが、皮相に過ぎる見方だろう。

はたして安倍政権もビッグ・ブラザーと同様に、盗聴法の拡大や監視カメラ網の構築、AI（人工知能）による犯罪予防などと、監視システムの大増殖を図っている。2020年東京五輪も、彼らにとってはテロ対策を大義名分とする、人間監視の壮大な実験場であるはずだ。

監視社会はおろか歴史の改竄にまで踏み込んだ安倍政権は今、とりあえずは足踏みを余儀なくされている。彼らをこのまま権力の座から引きずり降ろせればよいが、万が一にも居座られる事態になれば、それは暗黒の時代が次のステージに進んでしまうことを意味する。

ウインストンはビッグ・ブラザーを打倒せんと立ち上がった。私たちの社会は、どれほどのウインストンを産み出すことができるのか。

第3章

縮図としての沖縄・福島

二つの地方の実態を知るべきだ

堕落ばかりが語られる日本のジャーナリズム。ただ、私は全国紙やキー局のニュースが沖縄面とか福島コーナーを創設し、支局員を大幅に増員するだけでも信頼をかなり取り戻せる、読者や視聴者の意識も飛躍的に高められるはずだと考えている。2つの地方は現代のこの国の縮図だからで、機会を捉えては提案を重ねてきたのだが、ほとんど顧みてもらえない。本欄は私なりの、せめてもの実践だ。

「北部訓練場では、特殊部隊の訓練が行われることがあります。食糧も水も持たずに森に放り出され、1人で数日間を生き抜く。野生動物などを食らって飢えをしのぐルールだそうですが、たまに耐え切れなくなって森を抜け出し、人家に忍び込んで水や食べ物を漁っていく米兵がいる。外出先から帰宅して鉢合わせした時ばかりは、心臓が止まりそうになりましたね。女性には強姦の恐怖も付きまといます」

もう10年近くも前だろうか。沖縄本島北部の東村《ひがしそん》高江地区でヘリパッド建設反対運動が本格化した頃、住民に聞かされた話が忘れられない。

ヘリパッドとは、ヘリコプター着陸帯のことである。1996年のSACO（沖縄に関する日米特別行動委員会）合意で日本側による6カ所の提供が約束された、海兵隊の陸海空一体訓練を可能にする新たな侵攻拠点だ。粘り強い抵抗にもかかわらず、2015年には2カ所が完成、米軍への提供に至っている。国が8歳の子どもを含む反対住民らの〝通行妨害〟禁止の仮処分を申し立てる局面もあった。

現在は残る4カ所の建設を急いでいる政府は、とりわけ7月の参院選で自民・公明の政権与党が圧勝して以来、その暴力性をエスカレートさせていく一方だ。警察が県道を封鎖したり、陸自のヘリで空から搬入したり。デモンストレーションのようにして、オスプレイも飛来してきた。全国の都道府県警から集められた機動隊員らに大けがを負わされた住民は数えきれない。生活を守ろうと懸命な人々に、「土人」「気持ち悪い」といった罵詈雑言を投げつけながら…。

逮捕者も続出している。芥川賞作家の目取真俊氏が海上保安庁に逮捕されたのは選挙前の4月だった。この10月17日には、反対住民のリーダーである山城博治氏も沖縄県警に逮捕された。戒厳令さながらの日々が、高江では今日も繰り広げられ続けている。

このままでは確実に戦争国家にされてしまう。すべての日本国民は高江の実態を知り、抵抗に参加すべきである。

軽んじられる福島の被ばく者

福島県県民健康調査検討委員会の清水一雄・評価部会長（日本甲状腺外科学会前理事長）が辞表を提出していた。同検討委は東京電力福島第一原発事故の健康への影響を調べる目的で県が設置している機関。事故後に発生した甲状腺がんが統計上の平均の数十倍も増えた調査結果を得て、それでも〈総合的に判断して、放射線の影響とは考えにくい〉とする見解が導かれた3月の中間報告に疑問を抱き、「部会長の立場では自分の意見が言えない」と感じたのが辞意に至った理由だという。

検討委は事故当時18歳以下だった県民約38万人を対象にした検査で、これまでに１７４人の甲状腺がんまたはその疑いを発見している。清水氏の辞意を最初にスクープした「北海道新聞」（10月21日付朝刊）は、以下のような彼の発言を引き出していた。

「もともと小児の甲状腺がんは１００万人に１人と言われていました。数字上多発しているのは間違いない」

「(因果関係は)『まだ分からない』というのが正確で、結論を出すには10年以上かかります」

「男女比がおかしい。本来なら甲状腺がん患者の男女比は1対7と女性が圧倒的に多い。なのにチェルノブイリも福島も1対2以下になっている」

清水氏は軽々な結論を下さない。かつてない大規模な検査が行われた結果、従来の統計とは異なる実態が見えてきた可能性も認めた上で、清水氏は、「『考えにくい』ではなく『影響を考慮に入れながら慎重に検査すべきだ』くらいにしたほうがいい」と語っているのだ。

清水氏の部会長退任は次の部会で正式に決まる見通し。彼自身は「検討委員としての関与は続けたい」としているが、当の福島県は、むしろ県民調査そのものを縮小させたい意向であるようだ。「調査が県民に不安を与えている」とする県小児科医師会の要望書を受けて、検討委は9月からその線に沿った見直しの議論を始めた。被ばくの実態をウヤムヤにして、またぞろ〝何もなかったことにする〟狙いが込められていない保証はない。

10月27日の国連総会で採択された「核兵器禁止条約」に、日本は米ロ英仏などの核保有国とともに反対した。11月11日にはアベ首相が官邸でインドのモディ首相と会談し、日本からの原発輸出を可能にする原子力協定に最終合意している。福島の被ばく者たちはどこまで軽んじられるのか。

「人類館」事件

沖縄では最近、しばしば「人類館」事件が語られる。1903（明治36）年3月、大阪で開かれた政府主催の「内国勧業博覧会」に設置された「学術人類館」で、アイヌ、高砂（台湾）、朝鮮、志那、ジャワ、琉球（沖縄）などの人々が民族衣装を身にまとい、日常生活を見せる〝展示〟が行われたのである。

日露戦争の前年。司馬遼太郎の代表作『坂の上の雲』が、希望に満ちた〝少年の国〟だったと礼賛した帝国主義時代の裏面史だ。

特に沖縄では激しい反発が沸き上がった。たとえば『琉球新報』の創刊に参加し、〝沖縄ジャーナリズムの源流〟の異名を取る太田朝敷《ちょうふ》は、紙面で大々的なキャンペーンを展開していた。

もっとも、そこは時代である。太田の怒りは、むしろ高砂族やアイヌと同一視された点に向けられたという。琉球処分をはじめ、ヤマトンチュー（日本本土の人）に差別され続けてきたウチナンチュー（沖縄の人）が、自らも根深い差別意識に囚われていた構図。

さて、言うまでもなく帝国主義の本家本元は欧米列強だ。この種の、植民地の人々を見世物に仕立てるショーやイベントは、特に19世紀後半のヨーロッパで流行していた。1885年から87年には、ロンドンの中心部で100人近い日本人の行動を見世物にする興業「日本人村」が設営されたこともある。後の日英同盟に連なる友好関係の下で、しかも民間の営利事業でもあったから、これを差別だと見なした研究はあまり見かけない。だが何のことはない。見下された人間が、自らもより弱い立場の人々をさらに軽んずることで屈辱を晴らした気になる愚の連鎖が、今、またしても猛威を振るっている。

東村《ひがしそん》高江のヘリパッド建設に反対する住民たちを、機動隊員らが「土人」と罵った。他ならぬ沖縄担当相が〝差別ではない〟と肯定し、それがまた「謝罪も訂正も必要ない」と閣議決定までされてしまった。

工事の一時差し止めを求める周辺住民の仮処分申し立ても、昨年12月6日、那覇地裁に却下された。騒音による人格権の侵害や健康被害を訴える主張の一切を顧みず、公共性の議論さえ放棄した、ただ国を勝たせるためだけの〝判断〟だった。

1週間後、米海兵隊普天間基地（宜野湾市）に強行配備されたオスプレイがうるま市の沖合に墜落した。米軍と防衛省は「不時着」と発表したが、通常、機体が大破する事故を不時着とは言わない。

A君へのいじめ

「白血病ですぐ死んじゃうんだろ」

と、同級生の男子に言われた。すると教師までが、

「中学生ぐらいで死ぬかもね」。

2011年3月の原発事故で福島県から東京都内の小学校に転校してきたA君の、悲しすぎる体験だ。

「どうせ死んじゃうんなら一緒でしょ」と、階段から突き落とされたこともある。千代田区立の中学校に進学した後もいじめは続き、同級生のお菓子代を1万円ほども支払わせられたりしたという。

約50人の自主避難者らが東京電力と国に損害賠償を求めた訴訟の口頭弁論が1月11日に東京地裁で開かれた。A君に対するいじめは、本人尋問を受けた彼の母親が明かしたものである。

あくまでも氷山の一角だ。この国ではいつも、大衆が国策の被害者や社会的弱者を差別し、悪罵の限りを尽くしている。福島の被災者だけに向けられるわけではないが、昨年の終盤には横浜市や新潟市、川崎市に避難していた小中学生らが、不登校に追い詰められている事実が相次いで明るみに出た。

出身地を隠して暮らしてきた人々の我慢にも限度がある。彼らの憤りが、ここへきて一気に噴き出し

ているかのようだ。

〈国と東京電力は事故発生の直後から、国による避難指示の範囲と被害補償をリンクさせる「分断」政策をとることによって、責任を曖昧にして賠償を定額にとどめようとしてきました〉

〈その内実や被害者の置かれている実情の報道が不十分な中で、……（中略）……残念ながら、本来被害者である福島県民・原発被害者に対し、「多額の賠償金をもらっている」とか「なぜ帰らないのか、わがままだ」という誤った理解や、歪んだ見方をしてしまう風潮が作られていることも事実です〉。

これは原発被害者訴訟原告団全国連絡会が年末に公表した、「原発被害者の子どもに対するいじめについての声明」の一節である。同じ12月には、福島県に住んでいた女子中学生の「福島県民お断り」と題する文章が、法務省の「全国中学生人権作文コンテスト」で、人権擁護局長賞を受賞した。栃木県に一時避難した際、このタイトル通りのステッカーが貼られた車を見てしまった時の気持ちが描かれた。ただしこの作文には、その後に引っ越した宮城県女川町の学校では周囲にやさしく接してもらえた喜びも綴られている。日本社会に完全には絶望せずに済む、と感じてもよいかもしれない、せめてもの救いだ。

日米共同声明に盛り込まれてしまった「辺野古」

「これ（引用者注＝日米両政府による辺野古新基地建設推進）は、普天間飛行場の継続的な使用を回避する唯一の解決策である」

2月10日午後（日本時間11日未明）、ホワイトハウスでの日米首脳会談後に発表された共同声明だ。はたして沖縄防衛局は、現地の反対派を蹴散らして強行していた埋め立て本体工事に拍車をかけた。いかにもアベ首相らしい〝手土産〟だから、そのこと自体には意外性もない。だが、共同声明に「辺野古」が盛り込まれたことには、実は重要かつ危険な意味がある。

トランプ大統領はかねて、「日本は米軍駐留費をもっと負担せよ。しなければ撤退だ」と繰り返してきた。なのに、その話がいつの間にか消えていた。なぜか。

昨年11月、トランプ新大統領が決定された直後。アベ首相は参議院のTPP協定等に関する特別委で、こう答弁していたのである。

「（在日米軍は）米国の前方展開戦略の要と言ってもいい。（中略）同時にそれはアメリカのさまざまな権益も守っていくと言うことにつながってくるわけであろう」（要約）

そう、米軍はどこまでも彼らの覇権のために日本に、とりわけ沖縄に居座っている。〝殴り込み部隊〟こと海兵隊が多くを占める実態だけでも、わかりきった話だ。日本の防衛は、それが彼らの権益を維持する大義名分であるからに他ならない。撤退云々もトランプ氏の無知の産物か、承知の上でのカケヒキだったか、というだけの発言だった。

いずれにせよ今回の会談で、日本は米国の世界戦略により一層の忠誠を誓わされたことになる。折しも南スーダンPKO部隊が昨年7月の日報に、宿営地の付近で政府軍と反政府軍の「戦闘」があったと記していた事実が発覚。にもかかわらず稲田朋美防衛相が国会で、「事実行為としての殺傷行為はあったが、憲法9条上の問題になる言葉は使うべきではないことから、武力衝突という言葉を使っている」と述べた異常事態を、私たちはどう受け止めるべきか。言葉さえ言い換えれば、戦争も戦争にならないという政権の発想までが露《あら》わにされてしまったのだ。

共同通信社が1月下旬に実施した全国世論調査によると、回答者の83・8％が、トランプ新大統領の誕生を懸念していた。なのに、同じ共同通信社による首脳会談直後の調査では、この会談を「よかった」とする人が71・2％にも上ったという。わけがわからない、狂気がこの国を覆い尽しつつある。

「フクシマは核戦争の訓練場にされた」

広島と長崎に原爆を落とした米国が、戦後、この両市にＡＢＣＣ（原爆障害調査委員会）を設置したことはよく知られている。どこまでも次の核戦争に備えたデータ収集と分析のための機関で、被爆者の治療には当たらなかった。１９７５年に「放射線影響研究所」と改称され、日米共同の運営体制となって現在に至るが、業務内容に大きな変化はない。

同様の行為が、原発事故が起きた福島でも、「トモダチ作戦」の美名の下で行われていた。噂レベルでは囁かれても、きちんと報道したマスメディアは現れなかったのだが、最近、興味深い書籍が刊行されたので紹介しよう。

『フクシマは核戦争の訓練場にされた』（旬報社）。著者の石井康敬さんは幼少期から神奈川県の米軍基地と隣り合わせの町で育ったフリーライターだ。主に米軍の公開資料を丹念に追い、分析した労作である。

それによると、例の「トモダチ作戦」には2つの目的があった。オモテの「人道支援」と、ウラの「被曝データ収集」である。

だからたとえば、やたら仰々しく喧伝された仙台空港復旧への協力の陰で、米軍は福島県内をはじめ、宮城県および関東一円に展開されていた。兵士らがドジメーター（放射線量計）を持ち込み、放射線のモニタリングやサンプリングを繰り返したという。

後衛では海兵隊のＲＨＯ（放射線衛生将校）たちが八面六臂の活躍を見せていた。在日米陸軍の司令部があるキャンプ座間では本格的なラボが立ち上がり、太平洋軍の軍医司令官の下でハワイに専門部隊の中枢が築かれた。

米軍が集積した膨大なデータを、日本政府も共有していたのかどうかは定かでない。できなかったのなら主権国家の資格がないし、承知していて被災者に提供しなかったのであれば、国民に対する裏切りだ。いったい誰のための政府なのか。

そう言えば昨年、小泉純一郎元首相が「トモダチ作戦支援基金」を設立して話題になった。対象には救援活動で被曝した兵士だけでなく、ウラの目的に従事した〝アトミックソルジャー〟も含まれているのだろう。国内の被曝者に向けられる冷酷な政治と対比せず、また米軍全体の意図をさて置く限り、確かに気の毒なアメリカ人たちではあったのだ。

本書は読みやすいとは言い難い。だが貴重な仕事だ。石井さんの嘆きが重く迫ってくる。

〈（日本は）世界で唯一の被曝大国だ。米国から見れば、〝被曝データ大国〟ということになるだろう。〉

悲しすぎる。憲法改正によらない現状からの脱却を目指したい。

繰り返される米軍の流弾・被弾事件

沖縄本島中部の恩納村《おんなそん》で進められている安富祖《あふそ》ダムの工事現場で、銃弾と見られる物体が発見された。4月14日、そして付近の水タンクと日本人作業員の車に傷がついていた。工事は恩納村が発注によるものだった。

現場は米海兵隊基地「キャンプ・ハンセン」の敷地内ではあるものの、工事関係者が立ち入る場所であり、ゲートからも100メートルの至近距離だ。周囲にはサトウキビやミカンの耕作地が広がり、安富祖集落も目と鼻の先——約400メートル——である。

沖縄防衛局は直ちに米軍側に抗議し、原因究明を求めた。本稿執筆時点では真相は明らかになっていないが、米軍の訓練などによるものと判断されたらしい。

幸い、ケガ人は出ていないようだが、一歩間違えば作業員や住人が流れ弾の被害を受けていた。死者が出た可能性もある。他人を巻き添えにしかねない場所でわざわざ訓練を行う神経を疑う。

周辺住民の恐怖はいかばかりか。『沖縄タイムス』(4月16日付朝刊)によれば、政府関係者は「基地の中だ。まったく関係ない」と言い、住民よりも23日投開票のうるま市長選への影響ばかり気にする者もいたという。

冗談ではない。沖縄県では過去にも米軍による流弾・被弾事件が相次いできた。復帰後だけで27件に上る。

被害が目立つのは、やはりキャンプ・ハンセンに隣接する金武《きん》町だ。庭で遊んでいた幼児が被弾し、あるいは民家の水タンクを銃弾が貫通した。２００８年には〝対テロ戦争〟のための都市型訓練施設で使われているものと同じ銃弾が、敷地外に駐車してあった乗用車のナンバープレートにめり込んでいた事件も発生したが、米軍は立ち入れ調査を拒否。責任の所在が明らかにされることはなかった。

今回も、銃弾らしき物体は米軍によって持ち去られたままだ。捜査に当たる沖縄県警石川署は米軍側に提供を要請したと伝えられるが、誠意ある回答は期待できるとは考えにくい。

沖縄県民は常に米軍の存在に恐怖しながら暮らしている。にもかかわらず、たとえば菅義偉官房長官はさる3月下旬の記者会見で、翁長雄志・沖縄県知事個人に対する損害賠償請求を示唆した。米海兵隊の新基地建設計画に反対し、前知事による名護市辺野古の埋め立て承認を撤回する方針への報復をチラつかせた形である。

工事が中断すれば億単位の費用がかかるという理屈らしいが、こんな恫喝がまかり通るなら、この国の民主主義はすでに死滅したも同然だ。日本政府とはいったい、誰のために存在するのだろう。

許せない妄言「東北でよかった」

あまりの低次元さに泣けてくる。今村雅弘・復興担当相が4月25日、舌禍事件で更迭された一件だ。彼はこの日、都内で開かれた自民党二階派のパーティーで東日本大震災に言及し、

「まだ（被災地が）東北で、あっちの方だったからよかった。これがもっと首都圏に近かったりすると、莫大な、甚大な被害があったと思っている」

などと述べて、激しい批判を集めたのである。今村氏はこの3週間前にも記者会見で、福島第一原発事故を受けて自主避難中の人々について、「自己責任だ」「裁判でも何でもやればいい」と発言。追及した記者に、「2度と来ないでください」と言い放ったばかりだった。

復興を担当する政府高官が暴言で辞任に追い込まれたのは、これが初めてではない。菅直人政権の初代大臣だった松本龍氏は、宮城県知事に「知恵を出さない奴は助けない」。アベ政権でもさる3月、務台俊介政務官が、前年の台風と豪雨で「長靴業界はだいぶ儲かったんじゃないか」とやって、そうなった。務台氏は岩手県の現地を訪れた際にも、水たまりを渡るのに、同行者に〝おんぶ〟させた経緯がある。また今村氏の前任だった高木毅氏は、暴言ではないが、下着泥棒の前科が問われた（地元の自民党

福井県連が事実認定済み)。

もはや任命責任云々だけで済まされていいレベルではない。彼らは言ってよいことと悪いことの区別がわからない。政治家のはるか以前に、人間失格だ。もちろん、そんなものを要職につけた内閣は、それだけで吹っ飛ばなければならないが。

とりわけアベ政権における閣僚や自民党議員らの暴言・妄言は目に余る。社会的弱者と見れば侮蔑《ぶじょく》して、差別度を競うチキンレースを始めてしまっているとしか思えないが、彼らにとって格好のターゲットが福島や沖縄であるらしい。沖縄県高江の米軍ヘリパッド建設現場付近で昨年10月、大阪府警の機動隊員が抗議活動をしている人に「土人」と呼んだ問題でも、鶴保庸介・沖縄担当相が、「差別と断定できない」と繰り返していた。

鶴保氏はそれでも辞めさせられなかった。現政権にあっては、今村氏のケースはまだしもだったと言うしかないのだろうか。

彼は暴言の都度、「新世紀エヴァンゲリオン」をあしらったネクタイを締めていた。福島県を視察した際、この人気アニメを制作した「ガイナックス」の福島法人にプレゼントされた由だが、だからって、どうした?

いかにも幼稚なファッションもまた、差別合戦の一環にしか見えなかった。

都市と沖縄の経済格差

沖縄県在住の子どもの相対的貧困率が、全国平均の約1・8倍に当たる29・9％（高校生は29・3％）であることが明らかになった。県が2015年に実施し、この2日に発表した「子ども調査」の結果である。

人々の生活水準には一定の地域差が生じてしまいがちだ。とはいえ、この現実は酷すぎる。学歴による格差も歴然で、沖縄では父親が中学校卒の小学1年生の60・19％が生活に困窮している実態も同調査でわかった。しかも、それら困窮家庭の父親たちの46・15％は、正社員として働いているのだという。

背景には全国最低レベルの賃金水準がある。いずれにせよ、ここまで来ると政府の怠慢と言わざるを得ない。なお相対的貧困率とはＯＥＣＤ（経済協力開発機構）の指標で、全世帯の可処分所得を1人当たりに換算し、低い順に並べた中央値の半分未満の人の割合のことだ。

もっと言えば、政府には沖縄の貧困を是正しようとする気が、初めから、ない。むしろ逆に、この地方の貧困につけ込み、徹底的な差別政策を貫いていると断じるべきだろう。

なぜか全国的には報じられない、最近の沖縄をめぐる重大事態――。

名護市辺野古の米海兵隊新基地建設工事で、沖縄防衛局が1日、新たな岩礁破壊に許可など必要ないとの文書を県に提出した。県の行政指導を拒否して、今後も強引な工事継続を進める意志を示したものである。

これに対して翁長雄志知事は7日に記者会見を開き、国に工事の差し止めを求める訴訟を起こすと発表した。法廷闘争も第2幕に入ることになる。

金武町《きんちょう》や恩納村《おんなそん》などにまたがる米海兵隊キャンプ・ハンセンに5月、無人機やコンピュータ制御のロボットなどの最新兵器を試験する「ダーク・ホース」なる実験部隊が到着していた。訓練の内容について、米側は当然のように沈黙し続けている。

米海兵隊はそして、かねて日本側と合意していた2020年代前半における在沖部隊のグアムおよびハワイへの移転計画を見直す方針だという。5月24日の国防予算編成に関する上院の公聴会で、ネイラー総司令官が答弁した。北朝鮮情勢を受けての方向転換とされている。安倍政権や米国にとって都合のよすぎる北朝鮮の動きを、いつまでも額面通りに受け取っていてよいのだろうか。

ここに「共謀罪」が成立してしまったのである。山城博治・沖縄平和センター議長をはじめ、反基地運動の活動家たちが、これまでにも大勢、不当に逮捕され、あまりに理不尽な長期拘留に耐えてきた。

全国からの支援が急務である。

原賠機構法の無責任

東京電力の新体制がスタートした。6月の株主総会で新会長に川村隆氏（77歳）、新社長に小早川智明氏（53歳）がそれぞれ就任。それまでの数土《すど》文夫会長（元ＪＦＥホールディングス社長）は退任し、広瀬直己社長は代表権のない副会長となった。

川村新会長は日立製作所の名誉会長との兼務だ。日立は原発メーカー3社の一角。財界人として日本経団連の副会長まで上り詰め、一時は最有力の会長候補とも言われた。

他方、小早川新社長は実に若い。理系の出身で長く東電の法人営業畑を歩み、今回は関連会社の社長からの抜擢だった。いかにも実質国有化された東電のトップ人事らしい、経済産業省が操りやすそうな布陣と言うべきか。

折しも5月に改正原子力損害賠償・廃炉等支援機構法が可決・成立したばかり。福島第一原発の廃炉費用を安定確保するためとの触れ込みで、東電による機構への積み立てが義務付けられた――と言えば聞こえはよいが、電気料金は公共料金で、「総括原価方式」によって決まる以上、原資はどこまでも利用者の負担になる。

危険を承知していながら原発事業を拡大し、揚げ句の果てに原発事故を起こした東電の尻拭いをさせられる義理はない。ここは電力自由化で誕生した新電力各社への転換を図りたいところだが、これがまた酷い話なのだ。

というのも、政府は昨年末、新電力にも原発事故の賠償財源を負担させる方針を固めている。経産省の有識者会議「総合資源エネルギー調査会」の基本政策分科会「電力システム改革貫徹のための政策小委員会」（委員長＝山内弘隆・一橋大学大学院商学研究科教授）が公表した「中間とりまとめ」に基づく。新電力が大手電力の送電線を使用する際に支払われる「託送料金」に２０２０年から上乗せするという。ということは、やはり利用者への転嫁は必定だ。

今に始まったことではないが、この国の政府や大企業は、徹底的に無責任である。新電力の負担を強調した委員会に「貫徹」の2文字が冠せられているのは、どこまでも無責任を貫くという宣言ではないのか。

改正原賠機構法成立の8日後、定例の記者会見に臨んだ電気事業連合会の勝野哲会長（中部電力社長）は、これを受けて「東電の取り組む廃炉がより確実に実施される体制が整う」と評価してみせた。と同時になお、「エネルギー安全保障や地球温暖化防止対策、安定・安価な電力供給の観点から、原子力発電が果たす役割は大きい」と言い募ったのである。

与那国島に配備される自衛隊

6日に行われた沖縄・与那国町長選挙の投開票で、現職の外間守吉氏（67）が前町議会議長で新人の糸数健一氏（63）を下して、4選を果たした。得票数は609票と581票で28票の僅差。投票率は92・93％だった。

日本最西端に浮かぶ与那国島の全島から成る与那国町には、昨年3月から陸上自衛隊が配備されている。そこに至る過程で生じた島内の亀裂がさらに深刻化してきた中での町長選挙だったが、この結果が特段の変化をもたらすとは考えにくい。

というよりも、そもそも駐屯地開設に関わる問題が争点にされていなかった。自民党の公認と公明党の推薦を受けた外間氏に対する無所属の糸数氏、という違いはあったものの、政治スタンスは両氏とも保守系だ。島の基地化に反対する野党陣営は候補者の擁立を断念していたためである。

2人の候補者は早くから出馬への意向を表明していた。外間氏が昨年9月、糸数氏が今年2月。保守の一本化を恐れた野党側は、〝2人とも後に引けなくなる状況〟を待ち、はたして6月にはその瞬間が訪れもしたのだったが、野党にとっては遅すぎた。もはや候補者を固めるだけの時間的余裕がなくなっていたのだ。

終戦直後に約1万2000人を数えた与那国島の人口は減少の一途を辿り続け、昨年2月には1500人を割り込むに至った。町財政への危機感が陸自の誘致を可能にし、一昨年の住民投票も賛成多数で決着。やがて約160人の陸自隊員とその家族の合計約250人が転入した結果、人口は1715人に増加した。50人前後だった町立与那国小学校の生徒数も、隊員の子どもたちが編入したことで、2割以上も増えたとされる。野党を排した保守一騎打ちの構図がもたらされた、これが最大の背景である。

一方で、古くからの島民が島外に移住していくケースが目立つとも伝えられている。留まって基地化反対を訴え続ける人々が〝村八分〟のような目に遭っている、との報も少なくない。台湾を目と鼻の先に臨み、東アジア交流の拠点となり得る与那国島までが、このままでは基地の島、自衛隊の島にされてしまう。

中国を仮想敵国と見なした政府は南西地域の防衛態勢強化を謳い、宮古島と石垣島でも警備部隊やミサイル部隊の配備を急いでいる。これらの島々にも与那国島と同様の現実がやってくるとすれば、沖縄県は、さらにはこの国の全体は、いったいどんな姿を顕していくことになるのか。

戦時体制を許してはならない。

「福島新エネ社会構想」の欺瞞

政府は今年度から、再生可能エネルギーを軸とした福島の再生・復興を謳う「福島新エネ社会構想」を推進している。「2040年頃までに県内エネルギー需要の全量を再生可能エネルギーで」という県の方針を後押しし、次世代エネルギー開発の拠点としたい考えだ。

同構想の下で、この7月には世界最大規模の水素製造工場を浪江町棚塩地区に建設する計画が決まった。かつては東北電力の浪江・小高原発を新設する予定地とされていた土地である。では「福島新エネ社会構想」は、原発事故で被災した地域の復興にふさわしい国策だと、直ちに歓迎できるものなのだろうか。

本項では「スマートシティ会津若松」を取り上げたい。県西部の会津若松市（人口約23万人）で2013年に開始された、IT技術をフル活用し、基礎インフラと生活インフラ・サービスを効率的に管理・運営すると銘打った官民一体の取り組みだ。

具体的には、いわゆるIoT（すべての物をネットで接続し、相互に通信させる技術）で、たとえば水力、風力、地熱などの再生可能エネルギーによる発電を加速させ、スマート・グリッド（電力の流れを供給側・需要側の双方から制御できる送電網）で結ぶ。消費電力の最適化だけでなく、高齢者世帯の見守り、道路や橋梁など公共施設の状況の把握、防災体制の強化等にも役立てるという。

よいことずくめのようだが、ちょっと待ってほしい。スマートシティとは一方で、市民1人ひとりの行動が、行政やこれに連なる民間企業によって監視されることでもある。生活そのものが丸裸にされ、操られるしかなくなっていく超・監視社会。海外では警鐘を乱打する報道が重ねられているのだが——。

監視社会の問題は、共謀罪の国会審議でも注目された。スマートシティでは、ここに広告という要素が加わっていくはずである。企業のマーケッターたちは、〝見える化〟された人々の生活に介入せずにはいられない。使用電力の情報に〝マイナンバー〟で得られる個人データを絡ませれば、どんなことだってできるのだ。

お宅の冷蔵庫は電力効率が悪いので、お買い換えになってはいかがですか。食べ盛りのお子さんが3人もおいでですから、○○社の×××型は…。いつも金曜午後6時からの戦隊アニメをご覧ですね。来月◇日、息子さんの7歳のお誕生日には、キャラクターのフィギュアをどうぞ！　…などというふうに。

今のうちから対策を練っておくべきだ。さもないと、福島はまたしても、人間存在を蹂躙する実験場にされてしまう。

米軍ヘリコプター炎上事件

沖縄県議会は先月16日、東村《ひがしそん》高江で米軍ヘリコプターが炎上した事故に対する抗議決議と意見書を全会一致で可決した。首相や外相、防衛相などに、高江周辺のヘリパッド6カ所の使用禁止と、民間地および水源地上空での米軍機の飛行禁止を求めるものである。

事故が発生したのは同月11日午後5時20分頃のことだ。海兵隊普天間飛行場のCH53E大型輸送ヘリが、訓練飛行中に北部訓練場外の民間地に墜落し、ほぼ全焼・大破した。現場から100メートル圏内の養豚場では作業も行われていた。

改めて指摘するまでもなく、沖縄では米軍機による事故が珍しくもない。県の統計によると、1972年の復帰から2016年末までに県内で発生した事故は合計709件。近年では04年8月にCH53Dが沖縄国際大学（宜野湾市）の本館建物に接触して墜落・炎上したケースや、昨年12月に輸送機MV22オスプレイが名護市安部の浅瀬に墜落・大破した事例が記憶に新しいが、復帰前の59年には石川市（現うるま市）の小学校に戦闘機が墜落して児童11人を含む18人が死亡、210人の重軽傷者が出た大惨事も起こっている。

県議会はそうした事故のたびに抗議決議などを採択してきたが、常に足並みが揃うわけではない。保守政党の賛成を得られずに賛成多数による可決を余儀なくされたり、やはり保守陣営の退席による〝全会一致〟も少なくなかった。実際、今回は同時にオスプレイ2機による新石垣空港への緊急着陸事故に関する抗議決議と意見書も〝全会一致〟で可決されたのだったが、この時は自民党が退席していた。

それでも、高江の事故では正真正銘の全会一致が果たされたことを素直に喜びたい。さすがの自民党も、事故の重大性に目を瞑ってばかりはいられなかった。日米両政府も誠意ある対応をせざるを得ないはずなのである。

油断は禁物だ。10月22日の衆院選でまたしても圧勝し、3分の2を超える改憲勢力を確保した安倍晋三政権は、これまで以上に傲慢に、強権的になっていくに違いない。

ただ、とにもかくにも、そのような政治情勢にあっても、地域社会が一丸となって権力に抵抗することができる希望を、今回の全会一致決議は証明した。やり方次第でまだまだ展望は開けるのではないか。

沖縄だけではない。一般市民は蹂躙されるのが当たり前のようになってしまったこの国の社会を、どうにかして改めさせよう。他の地域も沖縄県議会を見習おう。

「福島原発生業《なりわい》訴訟」に注目せよ

さる10月10日に東京地裁（金沢秀樹裁判長）で判決が言い渡された、福島第1原発事故をめぐる「生《なり》業《わい》訴訟」（中島孝団長）に、改めて注目したい。この訴訟は、事故の被害者約３８００人が国と東京電力を相手どり、原状回復と損害賠償を求めたものである。

判決は被告側における津波の予見可能性および法的責任を認定。原告のうち約２９００人に総額約5億円を支払うよう命じた。原発事故に関わる全国約30の集団訴訟で3件目、国や東電の賠償責任を認めたものとしては3月の前橋地裁に続く2件目の判決だ。だから、それなりに大きく報じられもしたけれど、今後への影響などを考慮した場合、十分だとは言い難い。

この国のメディアと社会全体には、なぜか「なりわい」という表現から、距離を置きたがる傾向がある、ように思う。実際、判決を報じても、原告団が自称した「生業訴訟」のタイトルは用いない新聞やテレビも少なくなかった。

税務権力の横暴に屈しない「民商（民主商工会）」の会員が中心になっている訴訟だから、というだけでもない気がする。新自由主義の万能、効率ばかりが重視される時代では、「なりわい」という発想自体が経済社会の生産性を阻害する、唾棄されて当然の存在だと捉えられているからではないのか。消費税増税の問題などでもしばしば見られる反応だ。

だが、今回の判決文は万人に読まれるべきである。原告側の訴状は「平穏生活権侵害」と「ふるさと喪失損害」を強く訴えていたのだが、福島地裁はこれをよく汲み取り、たとえば前者について、こう定義している。

「生活の本拠において生まれ、育ち、職業を選択して生業を営み、家族、生活環境、地域コミュニティーとのかかわりにおいて人格を形成し、幸福を追求してゆくという、人の全人格的な生活が広く含まれる」。

私たちの社会をより豊かにしていくためには、どうしても必要な視点だ。個人の人生など国家の利益の前には取るに足らないとする価値観がはびこる現代にあって、司法が一定の理解を示してくれたことは、実に喜ばしい。

はたして国と東電は直ちに控訴。ならばと勝訴した原告団の3800人全員も、居住地の放射線量を事故前の水準に戻す原状回復請求が却下された点などを理由に控訴した。上級審に進むと政治的判断が罷《まか》り通りやすい日本の封建性は否定できないが、かくなる上は審理が尽くされ、「生業《なりわい》」の意義が広く、深く社会に刻み付けられることを願う。

岩国基地の増強が意味するもの

米軍厚木基地（神奈川県）から岩国基地（山口県）への空母艦載機の移転が進んでいる。昨年（２０１７年）11月に開始され、この5月までに全61機の移転配備を終える予定という。

基地の西3キロに位置する愛宕山《あたごやま》地区には、野球場や陸上競技場を備えた米軍家族住宅まで完成。岩国は米軍の航空基地として極東最大、名実ともに在日米海兵隊の拠点ともなった。昨年（２０１７年）初めにはＦ35Ｂステルス戦闘機も強行配備されている。

政府と米軍は岩国市に、徹底した〝アメとムチ〟を振るった。２０１０年度に滑走路の沖合移設を完了。少しは墜落の危険や爆音を軽減できると期待されたのも束の間、市民は艦載機部隊という、さらなる負担を押し付けられた。

一方で市は巨額の交付金を受け取った。２０１７年1月に行われた市長選では、「基地との共存」を掲げた現職の福田良彦氏が3選を果たした。

「沖縄」はここでも利用された。普天間基地（宜野湾市）の移設・返還が伴わなければ、岩国市が新たな基地負担を受け入れなければならない理由は失われる。このことを容認の条件の一つに挙げた福田市長は、２０１７年5月に名護市辺野古の新基地建設状況を視察。「移設の見通しは立った」との見解を表明していた。

だが、実情は周知の通りだ。辺野古をめぐっては新基地に反対する住民だけではなく、地元自治体も政府と鋭く対立している。見解が出された時期には、すでに翁長雄志沖縄県知事が、翌7月に国を相手取って工事の差し止め訴訟を起こす方針を打ち出していた。〝見通し〟など立っているはずがなかった。

例によってウソまみれの卑劣な強権政治。それが結果的には許され、艦載機容認になびく者が多かったらしい岩国市民には、沖縄ほどには国に差別されている自覚がないということなのか。

ただし当然、地元住民が犠牲を甘受すると言うなら、それはそれで構わないではないかという話にはならない。してはいけない。

基地は単なる迷惑施設ではないからだ。岩国基地の増強は、そこから出撃していく部隊による被害を拡大すると同時に、反撃される危険をそれだけ高める。日本国内では被害者である沖縄が、ベトナムでは米軍の爆撃機を出撃させてくる「悪魔の島」と呼ばれていた史実を想起したい。

岩国市には、米軍基地を活用した経済活性化を目指す国家戦略特区を受ける構想さえも浮上している。沖縄では米軍機や米軍ヘリの墜落が増えていくばかりである。

名護市長選挙と「カネ」

沖縄と福島に関わる問題を交互に書いてきた本欄だが、今回は前回に続いて沖縄の情勢を。2018年2月4日投開票の名護市長選で、辺野古新基地建設阻止を掲げていた稲嶺進氏＝社会民主党、日本共産党、沖縄社会大衆党、自由党、民進党推薦、立憲民主等支持＝が、渡具知武豊氏＝自由民主党、公明党、日本維新の会推薦＝に敗れたのである。

だからといって、〈市民や県民が（普天間からの基地）移設を容認したと受け取るのは早計ではないか〉と、中日・東京新聞の社説（2018年2月6日付朝刊）は書いた。他にも朝日新聞や北海道新聞など多くの全国紙・地方紙が、ほぼ同じ趣旨の社説を掲載している。

その通りだ。が、現実はあまりに過酷である。政府はこれで、一気呵成《かせい》に新基地建設を加速させていくことになるだろう。

酷《ひど》い選挙戦だった。なにしろ期日前投票が2万1660人。全有権者の44・4％を占めていた。企業や団体による、徹底した「ぐるみ選挙」が展開された証明のような数字である。

彼らを動かした最大の要否は、「カネ」。稲嶺氏の絶対優位が伝えられていた昨年（2017年）の暮れ以降、政府・自民党は建設中の道路開通の前倒しをはじめとする新たな復興策を提示したり、稲嶺市政に対する報復として凍結していた年間約10億円の米軍再編交付金の交付再開など、自民党候補への投票を促す好餌《こうじ》を、主に「ぐるみ選挙」マシーンに仕立て得る組織に向けてバラ撒いてきた。選挙期間中も菅義偉官房長官や二階俊博幹事長が現地入りして再確認した。権力総出の買収スペクタクル以外の何物でもありはしなかった。

沖縄との関連で前回に取り上げた山口県岩国市の悪夢が再現されたのだ。このままでは、11月に予定されている沖縄県知事選でも、同じ手口が繰り返されるのではないか。

渡具地氏は選挙戦の最後まで、辺野古新基地建設の是非を、自らの言葉で語ろうとしなかった。一方で政府は、県の岩礁破砕許可を得ぬまま強行した護岸工事を拡大し続けている。新基地に反対する市民の間にも、こうして諦めムードが醸成されていった。

とどのつまりは薄汚い脅迫と買収の産物ではあっても、それらに屈するのが名護市民の民意だというなら、それは尊重されなければならない——とは、しかし、そう簡単に納得されるべき理屈では断じてない。前回も書いたが、米軍基地は単なる迷惑施設ではないのである。罪もない人々を殺す拠点だ。

対談

分断社会と向き合うために

——「いのちの平等」を求めて

斎藤貴男

藤末 衛

民医連とは

藤末　今日はありがとうございます。民主医療機関連合会（略称：民医連）という組織が出来てからもう60数年になります。民医連には職員のための独自の共済の仕組みがあって、厚生事業協同組合という形をとって活動をしています。組合員は法人であり、その職員6万人に対し、全国的な団結と連帯の制度として全国統一の共済給付を行っています。また、さまざまなサークル活動や文化事業などの職員同士の交流とか、今の情勢を一緒に考えるための記事やコラムを共有しようと「共済だより」を発行しています。長年にわたり斎藤さんの鋭い視点のコラム連載を続けていただき感謝しています。

斎藤　こちらこそありがとうございます。ところで、民医連のもともとの目的というのは、どういうことだったのですか？

藤末　民医連の目的は、綱領（次頁参照）に明示しており、無差別・平等の医療・介護・福祉の

2010年　民医連綱領

私たち民医連は、無差別・平等の医療と福祉の実現をめざす組織です。

戦後の荒廃のなか、無産者診療所の歴史を受けつぎ、医療従事者と労働者・農民・地域の人びとが、各地で「民主診療所」をつくりました。そして1953年、「働くひとびとの医療機関」として全日本民主医療機関連合会を結成しました。

私たちは、いのちの平等を掲げ、地域住民の切実な要求に応える医療を実践し、介護と福祉の事業へ活動を広げてきました。患者の立場に立った親切でよい医療をすすめ、生活と労働から疾病をとらえ、いのちや健康にかかわるその時代の社会問題にとりくんできました。また、共同組織と共に生活向上と社会保障の拡充、平和と民主主義の実現のために運動してきました。

私たちは、営利を目的とせず、事業所の集団所有を確立し、民主的運営をめざして活動しています。

日本国憲法は、国民主権と平和的共存権を謳い、基本的人権を人類の多年にわたる自由獲得の成果であり永久に侵すことのできない普遍的権利と定めています。

私たちは、この憲法の理念を高く掲げ、これまでの歩みをさらに発展させ、すべての人が等しく尊重される社会をめざします。

一、人権を尊重し、共同のいとなみとしての医療と介護・福祉をすすめ、人びとのいのちと健康を守ります。

一、地域・職場の人びとと共に、医療機関、福祉施設などとの連携を強め、安心して住み続けられるまちづくりをすすめます。

一、学問の自由を尊重し、学術・文化の発展に努め、地域と共に歩む人間性豊かな専門職を育成します。

一、科学的で民主的な管理と運営を貫き、事業所を守り、医療、介護・福祉従事者の生活の向上と権利の確立をめざします。

一、国と企業の責任を明確にし、権利としての社会保障の実現のためにたたかいます。

一、人類の生命と健康を破壊する一切の戦争政策に反対し、核兵器をなくし、平和と環境を守ります。

私たちは、この目標を実現するために、多くの個人・団体と手を結び、国際交流をはかり、共同組織と力をあわせて活動します。

実現です。現在の綱領は、2010年に改訂をしておりまして、その前の綱領は1961年にできて、その後ずっと49年間同じ綱領でした。新たに2010年に書き換えることにしたんですが、それは半世紀の歴史を踏まえて、次世代へのバトン、若者へのバトンを渡す意味で、目標をもう一度はっきりしていこうということで、書き換えたんですね。

斎藤　どの辺が一番変わったのですか?

藤末　この現在の綱領と同時に、私は全日本民医連の会長になります。ですから直接に改訂に関わってきました。

改訂のポイントとして、医療費の高騰や医療の市場営利化などにより無差別・平等の医療や福祉の実現というのが大変危うくなっている時代に、無差別・平等を改めて目標にしっかり掲げようということです。

それと、長らく取り組んできた医療に対する考え方、共同の営みの医療観、これをしっかりと書き込みました。そしてその根拠は、日本国憲法だと明記する。そして、民医連は、医療・介護の実践団体ではあるけれども、社会や福祉を良くする運動、広範な共同した力で取り組みをきちっとする運動団体でもあるということです。そして、変らず戦争政策に反対していく――というのが目標です。

斎藤　その「いのちの平等」というのは喫緊の課題ですね。命の格差はもう何年も前から拡大していく一方で、早くどうにかしなくちゃいけないよ、と私もずいぶん書いたり喋ったりしたんですけど。なかなか止める力にはならない。それでも誰かがやらねばならない仕事です。

藤末　特に新自由主義的な政策が社会保障の分野でずいぶん出てくるという……そこが、今回きちっと書き直そうということになった大きな要因でした。それと憲法が危うくなっていること。あくまで今の憲法に依拠して活動するんだということを確認しようというような意味もこめて

やったということですね。

斎藤　何年前だったかな、確か２００９年に『強いられる死――自殺者三万人超の実相』（現在は河出文庫）という本を出したことがあるんです。自殺者３万人以上がずっと続いていて、だからその問題をテーマにした本を書いてほしいという注文が来たので、あまり深く考えずに引き受けたんですね、最初は。昔は週刊誌の記者をやってましたし、自殺された方のご遺族にもずいぶん取材しましたから。どちらかというと、私は、そんなに対象にのめり込むタイプでもないので、まぁ、出来るだろうと。新自由主義批判の一環ぐらいに考えていたんですけど、やってみたら、とてもじゃなかった。ご遺族の方々は本当に複雑で……単に身内を失った悲しみだ

けじゃなくて、なぜ自分を置いてという憤りとか、恨みがましい思いがひしひしと伝わってきて、どうしても引きずられてしまって……。取材したり書いている間じゅう、半分鬱《うつ》みたいになっていました。

そのときの取材で知ったのですが、多重債務に陥って、青木ヶ原に行って死ぬ、とかね、そういう人たちを富士吉田警察署が助けてくれるケースが少なくないんですよ。それで、東京に戻ってくるぐらいの電車賃は交番があげるんですって――そこまではいいんだけれど、そこからが大変だ。そこを実は民医連の人たちが助けてくれているというのを聞いて、すごく驚いた。民医連というのはすばらしい団体なんだと感じた覚えがあります。

藤末　自殺者が3万人台に乗ったという中身を見てみると、経済的な問題がそのきっかけになっている例が増えているわけですね。かつては病気を苦にしてというのが多かったわけですが。ずいぶん変ってきたなという、そこは私たちもすごく注目しました。そのことと、若い人たちが、なかなか子どもが産めなくなっている現状だとか、癌、心臓病、脳血管障害などの主要な死因の上流にも社会的な要因が影響を及ぼしている。健康における社会的決定要因はずいぶんはっきりしてきています。

私たちは、生活と労働の視点で医療活動をする、患者さんを診ようということを、もう5、60年前に言い出していた。それがたくさんの疫学研究によって科学になった。そういうことをもう一度自分たちの活動の中にきちっと根拠づける。そして、綱領の「共同の営みの医療」を我々の医療観の最高の概念と明記し、医療者と患者さんが対等平等、医療者間も民主的に、共同の営みとして治療していく、社会的な観点を持ってやっていくということを憲法の平和的生存権、健康権に根拠付けて再確認しようというのが、今回の綱領の中身的には重要なポイントだったんです。

斎藤　なるほど。

医療と消費税

藤末　私たちは綱領改訂後、社会保障を充実させていくという目的で、2013年に「いのちの格差を乗り越えて」という提言をしました。人権としての医療、介護を創っていくために、我々も努力するけれども、国も、社会をあげて努力する必要があるんじゃないかと提案をしたわけなんですが、その中で重視したのが財源論なんですね。医学医療も発展していく、介護も広がる中で、当然、費用もかかってくるわけで、それを誰がどのように負担をしていくのかということですね。その提案をやらないと、いい医療、いい介護といっても抽象論になる。ヨーロ

ッパと比較して、企業の社会保険料負担と個人の応能負担の視点が弱いことを指摘し、収入の少ない人については賃金をふやしながら、少ない保険料でもなんとかなるという仕組みをどうしても作らなければいけないと考えました。

政府は、社会保障費は財政を圧迫するということで、とにかく税金を出し惜しみする。そんな中で、一体改革という名で消費税問題ですよね、消費税を社会保障に目的化した形で、消費税を上げるための口実に社会保障をもってくる、結局のところは消費税を上げる話だと。これがなかなか……メディアの主張も、そこからはなかなか離れられない。

斎藤　私は２０１０年に『消費税のカラクリ』（講談社現代新書）という本を出したのですが、これはもともと自分自身が２００４年ぐらいに、年収１０００万円を超えたんです。フリーライターでそれだけ稼ぐのはけっこう大変なので、税理士さんに自慢していたんですよ。そうしたら、「あんたバカですか」って（笑）。「税金それだけ取られるんだよ」って。「そりゃ、所得税は増えますよね」って言ったら、そうじゃない。消費税だと。「でも、消費税はお客さん

――私の場合なら出版社だとか、講演したところからいただくお金に乗っけてもらって、それをこっちが計算して納税するんだから、別に私が損をするわけじゃないでしょう」って言ったら、「そうじゃないんだよ」って言われたのがきっかけです。

意味がわからなくて。いくら説明されても理解できないので、だったらこれから一年、原稿料明細書や年末に送られてくる支払調書をよく見てみろと。そうしたら本当に、消費税なんて乗せてくれてないところがいっぱいあるわけですよ。で、乗っけてくれって言っても、「うちはそういうことはしてないから」って言われちゃって。「じゃ、これって、最初に約束した原稿料や印税が勝手に目減りさせられてるってことですか?」って聞いたら「そうだよ」って。「それ、おかしくないですか?」って言ったら「おかしいよ」って。「じゃ、何で問題にならないんですか?」「マスコミがバカだからじゃないの」って（笑）。という会話で、じゃあ俺がやってやる、というのが最初なんです。

私、もともと池袋の鉄屑屋の倅なので、ジャーナリストなのは確かですけど、心は零細自営業なんですよ。だから余計腹が立って。結局、弱い者が余計ひっかぶる税金じゃないかと。ということは、これを社会保障の財源にするということ自体が矛盾している。

確かに、マスコミも……マスコミはいろんな理由があるんでしょうけど、何よりもみんなサラリーマンだから、全然わかってないし、わかる気もない。財務省担当は財務省のレクをそのままたれ流しているだけだし、新聞社としても、今度の軽減税率の問題なんかがありますから、消費税は批判したくないというのがアリアリなんですよね。それやこれやで始めたんです。

消費税というと社会福祉に使うんだからと、今でも、いわゆるリベラルに属する大学教授の方々が賛成しています。実際、使われていないじゃないかと言っているんだけど（笑）。経済の先生方も自営業や零細事業者の商売なんかは目配りしてくれないのが悲しい。そういう中では自分にとってはわりと消費税批判というのは必然的な帰結だったんです。

藤末　消費税問題は、医療機関という点で言いますと複雑です。患者さんへの負担にならないように非課税という形になってますが、医療機関が医療のための材料を買うことには消費税がかかるので、ここの部分は医療機関が最終負担者になる。ですから、業界団体としては、どちらかといえば、自分たちはかぶらないで済むようにしてほしいみたいな話がすぐ出てくる（笑）。

斎藤　コストプラス適正利潤を何となく認めてくれて、診療報酬を上げてくれればそれでいい、みたいなね。

藤末　それは本筋とは違うだろうと。そういう意味でも、『消費税のカラクリ』を読ませていただいて、私も確信になった。私たちはどちらかというと、物をきちっと作って自分で売るというような、そういうスタイルではないんですね。サービス業的で価格は公的決定、収入源は社会保険がメインになっていますので、実感がなかなか湧かない。

斎藤　メーカーが作る製品とは違いますからね。私たちジャーナリストの原稿料も値段があってないようなものだから、余計に値切られやすい。でも、何よりも、とにかく皆さん知らない。編集者から頼まれて、原稿料が幾らっていうから、じゃあ「わかった、消費税乗っけてね」と言うと、意味がわからないんですよね。だけどこっちはプロだから、理不尽な値切られ方をされるわけにはいかないので……電話で一時間ぐらい説明して、そうするとこっちは日頃、弱い者の味方みたいなことを言っているのに、なんだか相手の方からは、「こいつ、実はすごい金に意地汚い奴だな」と思っているらしい雰囲気が伝わって来るわけですよ（笑）。それはちょっと困るので、じゃあもういいから、今回は俺が泣くから、なんてね。そんなことばっかりでしたね。

編集者はもともと勉強していないから、わからないのは仕方ないんだけど、わからないのに知っているつもりにされているところが問題です。元は財務省の説明がインチキなんだけど、そもそも消費税というネーミングからして恣意的に過ぎはしませんか。これだと小売のときだけかかるみたいに思われるし。それをマスコミがきちんと伝えないものだから、ウソの情報が常識みたいになっている。

藤末　消費税の実態というか、何がどうなっているのかというところ……国民全体が思考停止させられていると思いますよ。

調べると、消費税が１９８９年に最初に導入された頃は、マスコミもそれなりに報じていたんですよ。その転嫁問題も。当時はバブルでしたから、基本的には売り手市場で、事業者は商品やサービスの販売価格に消費税を上乗せできたわけですよね。できるのに、でも他所との差別化で、当店は消費税をいただきません、みたいな言い方が流行ったり。そういうことで注意をひいたのか、とにかくそれなりに転嫁問題というのは報道されていたんです。それが、だんだんやらなくなって、途中からはっきり、とにかく消費税を上げさせて当局に喜ばれ、自分たちだけは軽減税率にしてもらおうという邪心が露骨になってきた。

藤末　そうですね。その理由付けとして社会保障をダシに消費税増税されることの理不尽さというのは、私たちとしてもたまりませんね。社会保障学者の中にも、財源は確保できればどこからでもいいじゃないか、実現可能性から見れば仕方ないみたいな話と、逆進性があるというけれども、社会保険料もそうでしょうと。給付されちゃえば逆進性は消えるわけで、と言った話が出てくる。結局、取りやすいところから取るしかないんじゃないかという議論です。医療や介護の現実は、経済的な条件でアクセスに格差が出ているわけで、社会保険としての応能負担原則と給付の平等性を踏まえた議論が必要ですよ。

斎藤　ですから、「カラクリ」を書く時もかなり気を使いました。格差問題で親しくしている先生方には、それでも悪口みたいに受け取られてしまったみたいで……ある先生には後で電話して「すみません」なんて言いましたよ。そうしたらちょっとムッとした口調で、「斎藤君だって、福祉社会がいいと思っているだろ」なんて（笑）。それはそうなんですけど。でも、消費税そのものの仕組みを御存じない。

一番、簡単な説明としては、全部が公共料金ならばいいけど、そうじゃなかったら、市場原理で価格を決めているんだから、弱い者が被《かぶ》らされるに決まってるじゃないかと思うんですが、なかなかそこはわかっていただけないですね。

藤末　やっぱり、低所得者の生活や零細企業の経営の実態、そして富の再分配の実態が可視化されてない中では、議論が歪みますよね。とにかく、ヨーロッパの福祉国家をご覧なさいと……すぐその話になっちゃうんだけど（笑）。

斎藤　最初からそれを目指すっていうんだったらね。例えばスウェーデンみたいな国にしたいから、税金もスウェーデンみたいにするんだって言うのなら一応筋は通りますけど。それでも私は世の中の……一番ドン尻じゃないけど、下から二番目の下層……自営業なんて今やそうですよね……下層から取って一番下に回すって、これはおかしいと今でも思いますけど。アメリカみたいな社会を目指しているのに、消費税の税率だけスウェーデン並みにという、こんなバカな話はあり得ません。

藤末　やっぱり、所得税と法人税という基本をし

日本とヨーロッパ主要国の社会保障財源の比較（2012年）

日本（消費税10%後）	事業主保険料 23.0%	本人保険料 25.4%	消費税 17.3%	その他
イギリス	事業主保険料 27.7%	本人保険料 12.4%	付加価値税（消費税）13.7%	その他
ドイツ	事業主保険料 33.9%	本人保険料 29.8%	付加価値税（消費税）10.8%	その他
フランス	事業主保険料 41.6%	本人保険料 20.2%	付加価値税（消費税）5.5%	その他
イタリア	事業主保険料 37.5%	本人保険料 14.7%	付加価値税（消費税）9.2%	その他

参考：垣内亮「社会保障の財源をどこに求めるか」（『労働総研クォータリー』2015年秋季号、No.100）

つかりした上でね、どうするんだっていう話と、全然違う話になっちゃっていて。

実は、今度消費税10パーセントになると、社会保障給付費における消費税の占める割合（上図参照）は、ヨーロッパを超えるんですよね。消費税だけで比べると、日本は断トツ1位。

斎藤　そこまでいきますか。

藤末　これは非常に大きい問題だなと思います。社会保障給付費の出所は、税と保険料です。まず税収は、対GDP比で見るとOECDの国の中で一番お尻なんですね。結局、税金を応分に払っていないところがあるということ。そして保険料の方は、企業負担割合がヨーロッパと比べると明らかに少ない。ここを抜きに、取りやすい税をともかくとるという政府の姿勢が問題ですね。

◒「税と社会保障の一体改革」の欺瞞

藤末　後でお話しますが、私たち民医連は頑張って、医師不足問題は一定の成果を上げました。でも、社会保障の財源問題解決というところはなかなか、進まなかったのです。民医連の２０07年の政策提案は、財政学者から50点だと言われたんですよ。医者を増やすのはいいけれども、全体の費用のまかないをどこから持ってくるのか言わないなら、そりゃぁもう50点だと言われて、悔しいなぁと思って（笑）。それで、２０１３年の政策提言は、消費税に頼らない、きちっとした税制と、社会保険料でまだ取れるところがいっぱいあるじゃないかということを打ち出していこうと取り組んできました。

斎藤　つまり、応能負担をしっかりしろということですね。

藤末　そうです。例えば、保険料率の問題では「協会けんぽ」（全国健康保険協会、むかしの政府管掌）と「組合健保」でまだずいぶん違いがあって、「組合健保」を「協会けんぽ」並みの保険料率にすれば、１兆円以上財源がでてくるわれからそういった問題だとか、あと、国民健康保険でも保険料の収入の上限が決まっていて、高額所得者の負担は軽くなっています。一方で、低所得者は収入から見て保険料が高すぎて払えない、もう減免せざるを得ない状況です。

斎藤　しかも、今どんどん正社員が切られているから、非正規労働者の多くが国民健康保険になるわけでしょう。そうすると、もともと所得が少なかったり、老人、高齢者が多いのが国保ですから、やっぱり人数の割りに収入にならないんですね。

藤末　また、大きな企業の組合もだんだんと加入者数が減っちゃうんですよ。「組合健保」を解散して、「協会けんぽ」に編入のところも増えました。

斎藤　年金なんかも、厚生年金と国民年金は違うでしょう。国民年金の保険料が支払われないと政府は怒ってますけど、普通、国民年金の人はバカバカしくて払えないよな、とも思うし……。何ていうんですか、同じ年金制度を謳いながら、職業によって差別すること自体が本当はどうかしていると思うのですが。

藤末　日本ぐらい医療保険の組合の数がたくさんあるところはないと言われています。保険機能が弱体化するので統合をという意見もありますが、企業が自分のところの労働者に対して責任を持つ、自治体が住民に責任を持つという意味では、当事者性があっていい面もあります。結局のところは、まず労働者の賃金をしっかり確保して保険料を納められるようにすること、そして必要な税金と富の再配分をして社会保険として成り立つようにすることが肝心です。

斎藤　だから税と社会保障の一体改革というのは、その言葉通りであれば、大いにやってほしいところですが、実態はただ単に消費税を上げるというだけですからね。いまいましい限りです。

◐医師不足という問題

藤末　それから「いのちの格差」の解消という問題で、２００８年頃、医師不足問題が一番の焦点でした。私たちは、「医師を増やせ」という運動がまず第一に必要ということでガンバリました。

それでなんとか１２００人かな、10大学分くらいの医学部の定員が増えたんです。これは、四半世紀ぶりの医師数抑制という方針からの転換なんです。初めは誰もやれると思ってなかったんですが、世論となり成功しました。これは当時国民的な批判が多方面からあがって末期状態になっていた自民党政権が民主党政権に変わる少し前の時期と重なりました。

斎藤　自民党政府までが、さすがに医師不足を認めたということですか？

藤末　そうです。認めたということですね。医者がいなくなって市民病院が閉鎖なんていうことが多発して、行政も市民も危機感が広がっていました。

斎藤　いつだったかな。94、5年でしたか、週刊文春で小児科の話を書いたことがあるんです。小児科にはもう全然医者がいなくて、新宿の厚生年金病院でさえ、小児科医が1人か2人しかいないという……ですから小児科のお医者様たちは死にそうになっているんですよ。小児科が相対的にあまり儲からないので、なり手がいないということでした。

藤末　それとやっぱり勝負が早いですからね。診てほしいときにちゃんとパッと診なきゃいけないというようなね。

斎藤　ちょっとした風邪でも、夜中でも親御さんはお子さんを連れてきますし。

藤末　それでも「コンビニ受診」というのではなくてね、ちゃんと診なきゃいけない……。

斎藤　私だって子どもが小さい時は連れていきました。それは責められても困ります。お医者様に責められても反論します。

阪神淡路大震災の経験から

斎藤　話は変わりますが、藤末さんは阪神淡路大震災をご経験されているとうかがいました。

藤末　1995年の阪神淡路大震災の時、私は神戸にいました。ちょうど明け方、五時四五分でした。みんな寝ていたということもあって、建物の倒壊による圧死が多く、公共交通機関が動いていればより多くの犠牲がでたでしょうね。

私は、真っ暗な中、30分くらいで東神戸病院に入ったので、周りで何が起こっているか全然わからなかった。テレビを見て、こんなことになっているのか、みたいだったんです。

斎藤　東神戸病院は、ご自宅からすぐのところだったのですか。何事もなければ歩いて五、六分のところ?

藤末　ええ、そうなんです。普段、呼び出しもあってすぐ行けるところでないと対応がしにくいので。神戸市東灘区は、山の方と人工島に急性期対応の大きな病院が二つありました。国道沿いの病院は三つで、そのうち一つは倒壊でした。救急隊も何処へ搬送すればいいかがわからないというので、じゃあしょうがない、全てとりあえず診ましょう、みたいな話になって（笑）。たまたま、我々の民医連は、全国組織なので、一気に応援隊が来てくれました。2日目の夜以降、もともと医師が20人ぐらいの病院なんですけれど、応援の医師、看護師が100人ぐらい夜中にバスで到着。これなら何とかなる、みたいな感じで、まさに野戦病院でした。ダンボールを敷いて仮眠しながらね。160床ぐらいの病院なんですけど、入院治療が必要な方が、直後から3日間でだいたい300人くらい、歩けるけが人などが1000人以上来られました。病院の空きスペースを病床に見立てて、ベッド数の倍ぐらい収容したわけですね。とりあえずの応急処置をして、救急車を使って大阪や明石の病院へ患者を搬送していく、電気が復旧したら、うちでやれることはやろうということで手術もしました。

災害直後の生き埋めや外傷などの救援・救命活動は1週間程度で終わりました。私たちが一番感じ、手を打つべきだったのは、貧困の濃縮という問題でした。住まいを失った被災者は、まず避難所生活、数ヶ月して仮設住宅、数年して復興住宅という流れの中で長期にわたる医療・介護活動が必要でした。なんとか金策がついた人は、この流れの中から自活、自立してゆきます。結局は、人の復興が後回しとなり、経済的な困難を抱えていた人々が公営復興住宅に入るまで数年かかったのです。

我々は、仮設住宅の生活実態調査を経年的にやりました。そうすると案外プライベートなことも聞けるんですよ、当時は。調査対象の人々の平均収入がどんどん落ちていく、当り前ですよね、お金があれば仮設を出て行ける。決局、地震によって社会的な問題があぶりだされ、貧困や困難が濃縮してゆく中で、公的な支援が終そく、引いていくわけです。22年経った今、公営住宅が足りなくて民間の住宅を自治体が借上げて提供された住民が今80～90歳にもなって、そこを出て行けと強要されています。

斎藤　もう仮設ではないのですね。

藤末　仮設は、発災から5年で解消されました、そこは東日本大震災と違うんですね。民間の住宅を国と市が借り上げてきたけども、20年で延長してきた法律が終りますので、市営住宅などに出て行ってということです。高齢であり、形作られてきたコミュニティーからもう今更出て行けない……。

斎藤　80歳、90際になって……。

藤末　そんな高齢の人たちに対して市が裁判を起こすんです。出て行かないことに対する……。

斎藤　それはどうなっているんですか？　係争中ですか。

藤末　係争中です。

斎藤　神戸の震災で取材らしいことをしたのは、震災から次の次の年ぐらいだったと思うんですが、仮設で、みんなアルコール中毒になって亡くなっていくという話を取材した覚えがあります。震災というのは、その時はもちろん大変なんだけど、被害は後々まで継続しますよね。それをまた政治や行政が加速させる。

藤末　一番初めに喪失感の中で孤立し、アルコールも絡んで孤独死が目立ったのは、中年男性でしたね。仮設でぽつんと一人、仕事もなく、人づきあいもない、支援チームや仮設自治会も頑張ったけども防ぎきれませんでした。そして、それまでのコミュニティーを分断して、障がい者や虚弱な高齢者優先で仮設抽選したこともあって、孤独死が高齢者の中に広がって行きました。

◐東日本大震災での民医連の取り組み

斎藤　その神戸の経験があった上で、藤末さんは東日本大震災を見るわけですけれど、その少し前に民医連の会長に就任されたのでしたね。

藤末　そうです。

斎藤　そのときは震災の、神戸の体験を踏まえて何か民医連の方針を打ち出したのですか。

藤末　神戸の場合は、直下型地震で建物や道路の倒壊、明け方の大都市部に起こったのが特徴でした。救急救命と大量の負傷者対応、大規模な避難所、仮設での健康問題、住宅の再建が重要課題でした。東日本大震災の場合は――津波によって一気に流されたこと、住宅と生業の喪失、極めて広範囲の被害、そして被曝問題。私は、3日目の午後には現地に入ったんですけれども、全容はわからないが阪神の時よりも大規模で、複雑だなと感じました。

斎藤　福島にも入られた。

藤末　一番初めは、宮城ですね。緊急車両に乗って東北自動車道を北上し、仙台空港の辺りを見ながら、多賀城、塩釜に到着。災害拠点病院でもある民医連の坂総合病院があるものですから、そこで当面の救援活動と全国支援の意志一致を図りました。次に岩手、沿岸部からは遠い盛岡に民医連の病院があるのですが、車を出してもらって陸前高田へ、大船渡を仮拠点に支援を組み立てることにしました。最後に、民医連の拠点病院がある福島市から南相馬市へ訪問、郡山といわき市にも民医連の病院があります。

東日本の特徴は、ともかく広域だということですね。そして高齢化、人口減少の進む中で日本有数の医師不足地域、原発事故の被曝問題が重なるという深刻な複雑さです。相当大きなネットワークができないと、とてもじゃないけど上手くいかないな、というのが直感的にもわかります。

斎藤　若い人がいないと…。

藤末　ともかく、みんなで協力しあっていくしかない、救命・救急医療はすぐ終わっちゃうので、むしろ、高齢者ケアを重視した展開をしなきゃいけないだろうということ、医療と介護の側面から生活を支える支援を組み立てようということを考えました。そして、岩手県の医師会、日本医師会、病院団体、学会などにも訪問して協力の申し出もしました。東京の事務所から毎日大型バスを出して、支援者に利用してもらいました。

福島は、少し雰囲気が違っていた。福島市から飯館村を経由して相馬、南相馬に近づくにつれて、生活物資や食料、新聞雑誌が道端にいっぱい積んである。トラック輸送の途中で、怖いから荷物だけ置いて帰っちゃう。当初はそんな感じだったんですね、あまり人を見かけない。

福島の被災者の不安は、人と物の被曝問題でした。政府も正確な情報を出さない、放射線医学の研究機関も発信なし、不安は募る一方の中で、強制的に避難の連続、農作物の出荷停止、沿岸での漁禁止など、行方不明の家族を捜す間もなく難問が降りかかりました。民医連は、あの広島・長崎の被爆者医療をはじめ被曝問題に取り組んできましたから、まず被曝の意味、これ以上被曝しないための予防法などの地域学習会の開催やパンフレット普及にまず取り組みました。

斎藤　実際どうなんですか。よく甲状腺ガンの話が出ますが。

藤末　甲状腺ガンは基本的に今の線量ではたいしたことは起こらないんだっていうのが行政の公式発表です。検診はするということになったので、福島県内にいる人については県が責任を持って検診をやっています。そうしたら、100人を超えて甲状腺ガンが発見されて手術した、それは明らかに確率が高すぎるように思えるが、行政側は潜在ガンが見つかっただけという説明をしたわけですね。最近は、はじめのエコー検査で問題なしの人からガンが見つかっている。だんだんと、潜在ガン発掘だと言いにくくなってきた状況ではないかと思っています。

斎藤　それが行政の説明ですね。今は公表もしないと。

藤末　細かなデータを公表しない。だから闇みたいなところがあるんですね。

斎藤　今は限りなく疑わしいけれども、まだ証明までは難しいと……。

藤末　チェルノブイリみたいに爆発的にというのではないかもしれないけれども、あり得るというようには思っているんです。だから私たちは、浪江町などからの正式な依頼で県外に避難している人のエコー検査の受け皿や相談活動を進めてきました。

　そういう取り組みはやりながら、細かなデータの公表と正確な評価を求めて行かねばならないと思います。すべての真実の公表を通じて対策の確立、それが結局は被災者の不安を取り除く方法です。

斎藤　それしかないのですね。

藤末　今、民医連の医師などがフォローしているのは、平均線量を測って低線量だから心配ないという論理でなくて、広島・長崎でいえば黒い雨など、粒子状の放射性物質を吸い込むことによって、内部被曝をするという問題です。平均の線量を測れば低くとも、粒子が体内に入ってくれば遺伝子に異変が起こる、問題はそちらじゃないのかと。これは、原爆症認定訴訟で問われてきたことであるし、その証言に立ってきた医師たちの主張です。

斎藤　それを民医連はやっていると。他の医師会だとかはどうなんですか。

藤末　医師会は福島の公式の会議に参加されているはずですが……。

斎藤　研究が進んでいるのはやっぱり民医連だと……。

藤末　いや、研究の場もデータも与えられていませんから、自主的な活動で限界があります。実際は、はじめのエコー検査でシロと判定された人からのちに進行ガンが出ているわけだから、これはおかしいんじゃないかということでずっと注目しています。

そのことと、やっぱり故郷と生業《なりわい》を同時に奪われたことに起因して絶望され、自死に至る、震災関連死としての自死は福島が特別多いですね。実は、私が福島に二回目に入った日に、キャベツの出荷を止められて自死された方のニュースがありました。

斎藤　生業というものが、こういう震災とかあると本当に軽視されているというのがよく分かります。復興といっても単に大規模な再開発をするだけという……。小さい店がみんな潰れちゃったので、イオンが出店しました、消費者のみなさん、よかったですね、バンザイ、みたいな。報道もそんな調子ですもの。

◒「想定外」というウソ

藤末　今、具体的な人権が奪われ、制限されているという事実を、いかに法的にも問うかと言うスタンスが必要です。私たちの分野では健康権です。日本の裁判官の中で、健康権というのは具体的法的権利として定着していないのが現状です。健康権というものを――WHO（世界保健機関）は具体的に項目を立てて、評価できるように明示しました。国連の専門家は、福島の被災者の状況について人権の立場から容認できないと報告しました（グローバー報告）。これに従えば十分法的に争える権利だと思います。今、勝負の時じゃないかなと考えています。

斎藤　しかも、国策としてやった挙げ句の現状がこれなわけだから、ただの災害とは違います。こういう話だとか、さっきの神戸もそうですし、福島も他の東北も、自分自身が東京の人間だから余計に思うのですが、ホントに自分のこととして考えられないふうになっている。そう仕向けられている感じもすごくあるんです。東日本大震災のときも菅直人首相が震災後まだ1ヶ月ぐらいの時かなぁ、記者会見で「大きな夢を持った復興を進めたい」と発言した。その表現にすごくカチンと来たことがありました。まだ四十九日も済まないのに「大きな夢」はないだろうと。復興が日本経済飛躍へのチャンスだ、みたいな感じでしたね。直後には、経団連が復興プログラムを発表して、これもまた、日本中の再開発計画そのもので、その中の一部に東北のことがあって。それを口実にとにかく全部再開発しちゃおう、みたいな論理展開なんですね。ここまで無神経な社会ってあり得るのかっていうぐらい驚きました。

藤末　神戸の震災時に言われた「創造的復興」という理念が大問題でした。

斎藤　そういう考え方というのは昔からありますね。ずっと関東大震災が起こるって言ってますけど、ＪＡＰＩＣ（日本プロジェクト産業協議会）ってご存知ですか？　鉄鋼やゼネコン、セメント、銀行、商社などが公共事業になるプロジェクトを計画して推進する事業者団体ですが、このＪＡＰＩＣが、これから関東大震災で東京が壊滅したらこうしたいと、その後の復興計画まで作っているんですよ。ただじゃ起きないんですね、彼らは。自分のお家は平気なのかしらと心配になるぐらい。

藤末　東日本の時に、また「創造的復興」という言葉が出て、唖然としました。人の復興を掲げて、頑張るしかないなと思いました。そして当時の民主党政権は、東日本大震災や原発事故を「想定外」と言った。よく言うよ、私が一番カチンときた言葉です。「想定しようとしていなかった」だけですよ。

斎藤　大震災も津波も、専門家の間では嫌と言うほど予測されていたのですからね。

藤末　阪神のときもね、実は１９７５年にちゃんと学会に調査依頼して報告をもらっていたんですよ。神戸市がお金をかけてね。「想定外」ではなかった。だけど、現実的じゃないって想定震度を下げた。現実的じゃないっていうのは、かけるお金が現実的じゃないってことなんですよ。そういうことが、東日本でも再度問われています。

斎藤　そうですね。私は、震災の次の２０１２年に、『「東京電力」研究　排除の系譜』という本を出したんです。原発問題だけを扱ったわけではないですが、少しそういうことを調べて思ったのが、とにかく当事者たちの……東電の人も通産省の人も、当事者意識の決定的な欠如というか、まぁ、俺が現役の内はたぶん大丈夫だよ、何も起こらないよ、起こったらその時はその時って、早い話がそれだけでしたね。福島原発を作ったときの当時の課長か何かで、要するに現場の責任者だった人が、事故の少し前まで副社長か何かになっていた人がいるんです。この人が言ってたのが……ほら、建屋がどうとか騒がれていたじゃないですか。あそこの仕組みを知らないの。どういう設計になっていたか。責任者なのに知らないって何なんだろうと。要はこれ、全部アメリカが作ったこと、決めたことだから、俺、知らねぇやっていう……。取材していて日本って何もかもがこんな感じじゃないのかな、とつくづく思いましたね。

悲しいけど、何ていうんだろう……高い教育を受けた人だとか、社会的な影響力のある人の多くは東京にいますから、東京が平気ならあとは何でもいいっていう心性があからさまなんです。

藤末　ちょうど建屋がボンと吹っ飛んだとき、私は塩釜にいたんです。当時、携帯電話はあまりつながらなかったんです。奇跡的に朝の四時か五時に、被曝の問題をずうっとやってきた先生と連絡が取れて、その先生はね、「ついにやってしまった。防げなかった」とおっしゃった、今でも耳に残っています。それまで起きるんじやないかと心配して行動してきた人だからこそ言えることだと思います。

震災の前年だったか、原発の立地県に呼びかけて、民医連の集会もしていました。いわき市にある民医連加盟の医療生協理事長は、原発問題の全国住民組織の代表をされていて、ずっと東京電力と交渉もされていた。この方も、「防げなかった」と言われるんですね。

斎藤　悔しいですね。その人たちにしてみれば、わかりきっていた結果ですもの。

藤末　「事故を防げなかった、悔しい」とじだんだ踏む人々が存在する中で、さらりと、「想定外」という政府要人。想定外の言葉の裏には、政府には責任ないという居直りが透けて見える、このコントラストを絶対忘れないぞと思いましたね。

斎藤　あの頃の民主党はつくづく酷かった。

藤末　私たちは、阪神、東日本を経験して、民医連としての災害医療支援チーム（ＭＭＡＴ：マット）を各病院につくり、全国の指令体制と事前準備をすすめてきました。東京が被災して本部が機能不全になることも想定しています。できるだけ被災地の人に寄り添うことを継続的にできるチームと組織体制が大事だと思っています。

斎藤　マットというのは何の略ですか。

藤末　メディカル・アシスタント・チームです。Ｍが民医連で、ＭＭＡＴ。ＤＭＡＴは本当に初期救命・救急だけというチームですが、日本医師会はＪＭＡＴ、徳洲会はＴＭＡＴと（笑）、いろんなMATが出来た。でも、そういうのが協力しあえばすごくいいことなんじゃないかと。とりあえず医療救援について、日本はやっと形ができてきた。ただ、被災者の生活、最後の1人までの復興をというような点では、医療を超えてまだ問題ありと思います。

斎藤　それが根幹にないことには、何をやっても、ただ災害を、人の不幸を利用するだけの政策になるんです。2020年東京オリンピックなんかは典型ですね。

沖縄のことを考える

斎藤　この仕事をしていると、世の中の問題点、ぜひ書かなくてはならないことが、次から次へと浮かんできます。『共済だより』でも、私は「縮図としての沖縄・福島」というシリーズも連載させていただきましたが、とにかく沖縄をどうにかしなければという思いばかりが、近頃は募ります。

というのは、私、4月末に河出書房新社から、『戦争経済大国』っていうのを出したんです。それはつまり、私たちは「憲法九条を守れ」と主張しているわけですが、でも九条があったときって、本当に平和だったのかと。要するに高度成長って、朝鮮戦争とベトナム戦争の〝おかげ〟だったんじゃないかというのが一番の問題意識なんです。

だけど我々はこんなに無自覚だと。実際、ベトナム戦争では日本のLST（戦車揚陸艦）が出ていって米軍の兵士や武器など戦争に必要な物資の搬送に当たっていたし、朝鮮戦争ではこのLSTに加え、海上保安庁による掃海艇の出撃も、朝鮮海域に敷設された機雷の除去もして米軍の上陸作戦の一翼を担っていた。つまり、戦闘行為もしているんですけど、自衛隊が直接ドンパチやったわけではない。だから、無自覚なのも仕方がない部分もないとは言わないけど、そろそろちゃんと考えようよ、と。九条を守るだけじゃなくて、今度こそ本物にしようというのが、正しいんじゃないかということで始めたんですが、書いているうちに、本当は真っ先に気がついていなければいけないことなんだけど、こうまで無自覚になったのって、嫌なことを全部沖縄にやったからだろうと、はっきりわかった。

戦後の初期には、米軍基地の九割ぐらいは本土のほうにあったんですね。それが朝鮮戦争のあたりから沖縄への移設が始まって、１９５０年代の後半には今の構造が作られている。それで沖縄の問題としてクローズアップされるのは当然なんだけど、同時に本土のほうも無自覚にさせられた。もっと言えば、米日両国は沖縄を共同の軍事植民地とすることで、日本の人口の99パーセントを占める本土の人間を、自分たちが米国の完全な属国なのだという現実から目を背けさせてきた。頭を使って考えるという営みを封じてきたんです。それこそが、いわゆる日米同盟の実体なんだと。

この本では本土の無自覚ぶりを書くにの精一杯で、そうした構造を解き明かすまでには至らなかったので、続編を書かなければいけないと思っているんですが。そういうのは研究者の論文ではそれなりにあるので、私がやるとしたら、もう、こうなったら、本土と沖縄って常に反比例する対立の関係が作られちゃっているので、これは琉球独立論しかないのかなと最近はすごく思うようになって……。

藤末　学会もありますから。

斎藤　ありますね。私も以前は、独立なんかしたって、今度は結局、沖縄独自の判断で米軍基地の島になるしかないんじゃないかと考えて、あんまりだということで、どちらかといえば反対に近かったんです。きちんと書いたり話したりしたことはありませんけど。でも、ここまで来たら本土との関係性において沖縄は、常にそういう負担を押しつけるための島として存在させられているとしか思えない。そんなことであるなら、結果的にどうなることになるにせよ、沖縄の運命は沖縄人自身が決めてもらうべきだ。沖縄の人たちにとってはもちろん、本土の人間にとっても。

藤末　全国の民医連が沖縄での組織的、継続的行動を始めたのは、沖縄国際大にヘリが墜ちた2004年からで、辺野古連帯支援行動として続けています。沖縄民医連の職員と相談しながら……。でも沖縄民医連は初め「うーん」っていう感じだった。

斎藤 なぜですか。

藤末 沖縄の問題になぜ本土の人たちが……という感じもあったかと思います。現地の活動家からも、興味本位で来るのではとか、一度来たという実績が欲しいだけですぐ来なくなるのでは、といった感じを持たれたようです。でも、ワン・シーズンに1回、年4回、ずっと送り続けたんですよ。そうすると、次第に現地の受け止めや対応も変わってきて、受け入れてくれるようになりました。沖縄民医連も名護市に診療所をつくりました。

民医連の若手の職員を入れて1チーム4、50人で、ワン・シーズンに1回、沖縄との連帯行動をしています。今までで300人ぐらいになりますか。伊波洋一さんともお会いしました。

斎藤 宜野湾市長だった伊波さんですか。今は参議院議員をされていますね。

藤末 宜野湾市役所の屋上には、大きくゴー・ホームと描いてある。軍用機から見えるようにね。支援の職員にはそこから普天間の基地を見てもらう、そしてキャンプシュワブをにらみながら海辺で座り込み。

そして、かつての野戦病院でもあるガマにも入ります。日本の政府が沖縄を地上戦にさらし、住民を大量に死なせた事実に向き合い、基地問題は沖縄だけの問題ではない、日本全体の自分たちの問題だということを学びます。

そんな経験の上に、選挙などの政治的な闘争になっても、普段は選挙なんか知らないよというような職員も連帯行動に行った人は名護市長選や沖縄県知事選の応援に志願したりというようなこともありました。いのちの平等と平和が、やっぱり私たちのアイデンティティだと強く思うんですね。

◉同世代として

斎藤　私と藤末さんは同い年ということですが、藤末さんが民医連に入られたきっかけは、どんなことだったのですか。

藤末　思い返せば、民医連の人たちとの出会いは、小学生の頃ですね。私は兵庫県の姫路から北にさかのぼった山間地に生れたんですけど、そのちょっと北側に生野銀山がありまして、そこら辺から市川という川が瀬戸内海に注いでいます。その銀山跡に、三菱金属がカドミウムの精錬をしていて公害問題が起こったんです。

斎藤　現在の三菱マテリアルですね。

藤末　そうです。カドミウム精錬後のボタ山から垂れ流れてきたカドミウムが流域の農地などを汚染しました。私の世代は、まだ田舎の小学校にプールができるかできないかの時代で、小学校の3年生ぐらいまで川で泳いでいた。その川に背骨の曲がった魚が泳いでいた。神通川のイタイイタイ病が問題になった時代です。病気としては認定されなかったけども、農地の土を50センチほど企業の責任で全部入れ替え、今のまさに除染ですね。それを三菱に保障をさせた、交渉のための協議会の役員を町議会議員の父親がしてました。

公害というものが世の中にあるのかということを知り、ちょうどそのときに開業されていた先生が喘息だった私の主治医で、民医連に加入をされていたんですよ。そこから社会問題に出会い、目覚めていくというか…。

斎藤　なるほど。まさに公害の真っ只中にある時代でした。

藤末　そうですね（笑）。よく覚えているのはね、よく工場長が……親父を宴会に誘ったり、盆暮れには何か贈ってくるわけです。それを親父は返しに、僕を連れて行くわけです（笑）。土壌汚染があるのは、もうまぎれもない事実となりましたが、健康被害があるかどうかが問題となりました。大学から派遣された先生たちが検診に来るんだけど、地元の人があまり参加しない。だって、三菱に雇われて、仕事をして生活している住民ですから、行きにくいんだな。

斎藤　私たちの子どもの頃って公害の話題ばっかりでしたね。公害とベトナム戦争。私は東京でしたから、排気ガスや光化学スモッグを除けばテレビや新聞で見るだけだったんですけど。

強いて言えば、私も体が強いほうじゃなかったので、小学校3年生のときに——東京23区のうち、確か17区くらいが、体の弱い子のための学校、学校というか分校を運営していたんですよ。千葉県の内房、外房と、伊豆半島に。私は豊島区の池袋の育ちなので、豊島区が持っていた富津岬の手前の竹岡海岸というところに半年間預けられていて。臨海学校じゃなくて、全寮制で勉強もするんですけど、そこがもともと昭和10年に、今の天皇が生れたお祝いの事業として創設されたんです。そういうのが2、3区あって、美濃部亮吉都知事のときにそれが17区に広がりました。

そういう趣旨のものなのに、何せ内房ですから、公害の町になってしまっていて。その辺が目の当りにしたといえば言えます。ちょうど八幡製鉄（現・新日鉄住金＝２０１９年4月から日本製鉄に変更予定）君津製鉄所が操業を開始して間もなかった頃で、ダンプ街道なんて言われていたぐらいです。ダンプカーがたくさん通っていましたね。

あとはやっぱり水俣にしてもイタイイタイ病にしても、四日市喘息にしても、東京にいると、何かテレビの世界の話みたいでした。ただ、何も知らなかった私にとっては、公害というものの恐ろしさを思い切り刷り込まれた時代でした。

藤末　高度成長と公害が光と影のような形で同時進行したような状況でしたね。学生運動という点ではちょっと下火になりかけた時ですが……。

◕今の時代をどう見るか

藤末　今の時代、私たち民医連が平和と社会保障ということで頑張ろうとするんだけど、かなり意図的な宣伝――今でいうフェイク・ニュースみたいなのを含めて、なかなか真実に基づいた思考が出来ない状況が広がっていると思います。だから現場から事実に基づいて、きちっと発信しないとまともな医療も出来ないなというように強く思います。

そして、情報発信をより効果的に出来ないといけないなぁと思っていて、今年から民医連も広報部を作ることにしました（笑）。ネットも含めた情報発信をしていこうと考えています。

若い人たちは新聞を見なくなりました。まして各紙の政治的スタンスを理解していて、この件についてこの新聞ならどう報道するのかなといった見方をしている人はほとんどいないでしょう。結局自分の目線というか興味から知りたいことをネットで探っていくものだから、罠もいっぱいあって、どこに行っちゃうかわからないみたいな状況があるのではないかと思っています。また、自分にもっと自信を持っていいんだよというサインが周りからあまり出ない状況ですよね。そういうことがすごく今気になってまして、原発や辺野古のことなどを含めて、事実と当事者の実態、気持ちに向き合う場面を増やさないと、自分で感じて理解して行動するとならないですよね。忙しい医療や介護の現場でも、そういうことをできる組織でありたいなと思います。

社会保障の理念を変質させようとする強力な力が働いていて、情報の渦の中に嘘を紛れさせて意図する方向へと誘導する時代。損得勘定で、同じように困難を抱えている多くの人々をさらに分断して団結できないように仕向ける時代。健康に向かって生きていける権利をすべての人が持っているんだ、健康は人権なんだということに依拠した発信や行動が生まれてこないと大変だと思います。そのためにも、斎藤さんに力を発揮していただくのを期待しているところです。

斎藤 そうですね、私もつまるところ、真実に基づいて、民医連に限らず、いろんな組織や個人が活躍できるような材料を提供するのが仕事だと思っています。ただ、今、特に思うのは、現状は本当にひどすぎるけれど、だからって〝昔はよかった〟とは到底言えないということ。私はもともと東京の人間だから、さっきお話しした沖縄に対してもひたすら後ろめたかったんです。何もかも押しつけてきたくせに、論評めいたことを言えた義理か、とばかり考えたし、今でも言える資格はないと思っているのですが、でもやっぱりそれだけじゃダメなんで、ちゃんとそこのところ、立場というのか、もともと置かれた条件が違うというのはどうしようもないので、それをわきまえた上で、きちんと言えることは言っていこうと考えています。護憲の立場だからといって、いわゆる戦後民主主義というものを全肯定するのではなくて、それがいかに、実は欺瞞でもあったということもちゃんと明らかにしていくことです。

昨今のような状況というのは、フェイク・ニュースも含めて、いのちの格差だとか、すべて社会ダーウィニズムに通じていると思うんですよ。ダーウィンの進化論で言う「自然淘汰」「適者生存」の概念を、そのまま人間社会の説明に流用して済ます〝思想〟。あらかじめ強い立場にある者は優れているのだから優遇してますます栄えさせ、弱い立場の者は劣っているのだから抑圧して淘汰を促すのが社会のためだと、人種差別や帝国主義、労働者からの搾取、ナチスドイツのユダヤ人虐殺や安楽死政策にも悪用されてきた。権力や資産を持った人間にとって、これほど都合のいい屁理屈はあり得ない暴論が、新自由主義の隆盛とともに、世界に再び蔓延してしまっている。

もっと言うと、新自由主義イコール社会ダーウィニズムだと断言していいとまで思っています。こいつをとにかくどうにかしなくちゃならない。経済成長は確かに大切です。みんなが幸せになるための有効な手段の一つではあると考えるんです。ただ、今、決定的に問題なのは、それが目的になってしまっているじゃないですか。何の話をしていても、たとえば社会保障が大事だね、高齢化社会だから、なんて話していても、その財源を作るためには成長だよ、などというふうに。お金の問題が大切でないなんて露ほども思わないけれど、でもそれを目的にしてしまうと、じゃあ、結局、成長を阻害するものは、目的を阻害するものは排除するっていう話になるわけで、ということは平等とか公平とか安全性とか、人権なんてものは、そんなものはなくしてしまったほうが効率的だよねということになっていく。現実にもそうなっているでしょう。

だから、この世の中のはっきりした目標みたいなもの、あるべきビジョンみたいなものを提示できるようにしていきたいと思っているんですね。

よく現状を批判すると対案を出せみたいな言われ方がありますが、私はあれ、大嫌いなんです。なぜって、政府、政権が何万人で作ったものを、一人でそれを批判した上で対案まで出せるわけがないし、それはそもそもやるのはアンタたちだよと。メディアや世論の批判を浴びたら問題点をちゃんと反省して改めればいい。それが民主主義のメカニズムなんですが。でも最近は、なにしろ相手は民主主義そのものを維持する気がないのだから、少しでもまっとうな方向に動かすためには、対案とは言わないけども、こういう考え方にしたら前向きに行けるんじゃないかな、というぐらいは提示しないといけないのかなと考え始めました。

藤末　民医連は非営利で、目的を持った組織だということなんですが、医療や介護は一方的に提供するだけではうまくいかないし、本当のやりがいも出てこない。患者・利用者と共に成長する、共同の営みとしての医療・介護でありたいし、共に制度も改善してゆく仲間でありたいと思ってきました。だからこそ患者・利用者の皆さんにも発達というか、積極性を求めます。そういう仕事の仕方が創立以来の変わらぬスタンスで、すごく大事なことだと思っています。最近の民医連の政府への提案でも、私たちはこういう努力をしますよ、だから政府もこう努力してよという形が増えています。

話が沖縄に戻ってしまいますが、迷惑料は払うからお国のために我慢して、というような目で見ることを日本人全体が国家権力に強要されてないだろうかと思うんです。大事なことは、米軍は本当に日本の人々を守るために沖縄にいるのか、そして米軍がいることで沖縄に住む人々はどうなっているのかということですよね。沖縄の人々は、先の戦争中から戦後の今に至るまで、暴力と貧困の背中合わせで暮らしてこられた、同じ日本国憲法下となった今も。貧困問題で言えば、本土だとまだ在宅医療が成り立っていますが、沖縄ではそうはいかない、在宅患者が増えないと民医連の医師たちは話しています。高齢者の収入問題と介護する人の余裕の問題で、動けなくなると生活保護で施設入所する方が多いと聞いています。この間のオール沖縄の選挙での前進には、基地が沖縄経済の発展を阻害しているという事実が明らかになったことが影響していると言われています。

斎藤　先ほど、社会ダーウィニズムと言いましたけど、いろんな差別と格差があって、その極めつけがいのちの格差ですよね。そこを切り口に活動している民医連は、これから世の中を少しでも変えていくときの大事なセクターになっていくに違いないと信じています。

＊藤末 衛（ふじすえ・まもる）
1958年生まれ。1984年鳥取大学医学部卒業。1984年 尼崎医療生活協同組合 尼崎生協病院内科。1985年神戸健康共和会東神戸病院内科。2001年神戸健康共和会理事長。2010年全日本民医連会長。共著に、『震災の真ん中で』（1994年、神戸健康共和会）、『不眠の震災病棟』（1995年、全日本民医連編、新日本出版社）、『いのちの格差を是正する』（2014年、全日本民医連編、新日本出版社）、『徹底解剖 国家戦略特区』（2014年、浜矩子・他共著、コモンズ）など。

斎藤貴男（さいとう・たかお）
1958年東京生まれ。早稲田大学商学部卒業。英国バーミンガム大学大学院修了（国際学MA）。「日本工業新聞」記者、「プレジデント」編集部、「週刊文春」記者などを経てフリーに。主な著書に、『機会不平等』（岩波現代文庫）『「あしたのジョー」と梶原一騎の奇跡』（朝日文庫）、『人間選別工場』『カナリアが沈黙するまえに』『ゲンダイ・ニッポンの真相』（同時代社）、『ルポ改憲潮流』（岩波新書）、『強いられる死 自殺者三万人超の実相』（河出文庫）、『民意のつくられかた』（岩波現代文庫）、『「心」と「国策」の内幕』（ちくま文庫）、『消費税のカラクリ』（講談社現代新書）、『「東京電力」研究 排除の系譜』（角川文庫）、『子宮頸がんワクチン事件』（集英社インターナショナル）、『ジャーナリストという仕事』（岩波ジュニア新書）、『失われたもの』（みすず書房）、『戦争経済大国』（河出書房新社）など。

勇気を失うな　心に太陽を持て

2018年7月30日　　初版第1刷発行

著　者　　斎藤貴男
装　幀　　クリエイティブ・コンセプト
組　版　　有限会社閏月社
発行者　　川上　隆
発行所　　株式会社同時代社
〒101-0065　東京都千代田区西神田2-7-6
電話 03(3261)3149　FAX 03(3261)3237
印　刷　　中央精版印刷株式会社

ISBN978-4-88683-842-1